享受人生
要富裕，要快樂，要健康

陳富美 / 著

吳滄洲 / 譯

英文版
《*Enjoy life*》

版權© 2022 陳富美所有
國會圖書館管理號碼：2022919598
國際標準書號：
精裝本978-16698-5260-5
平裝本978-16698-5264-3
電子書978-16698-5259-9

由Getty Images提供的插圖圖像，描述的任何人是當作一種範本，某些描繪僅作說明使用。
插圖圖像© Getty Images

出版者／Xlibris
　　　www.Xlibris.com

獻給親愛的丈夫，陳榮成，
他對我所做的一切建議、指導與支持，
他也給我四個孝順的孩子：
Sonya（素亞），Tonya（糖亞），
Oliver（奧利佛），及Patricia（佩翠霞）
為此我表示感激！

目次

英文版序

／陳富美

到2022年1月我就79歲了，我迫不及待想要在生命結束前做一些有意義的事，那麼，寫一本書將會是晚年一大成就。我已寫過三本中文書，一本英文的，這英文書自2015年5月2日在GOODREADS網路活動後，到2020年1月27日已有2,259,706次網友閱讀，這本書是《Self-Help Acu-Hematite Therapy》（穴位赤鐵礦石自療法）。

我有一個兒子及三個女兒。我兒子Oliver Chen及第二個女兒Tonya Mezrich在電視台闖出了名號，Oliver當今在華爾街可能是最常見的面孔，因爲他經常在CNBC出現。有時他一週二次接受訪問，提供股票市場資訊。Tonya Mezrich則是NESN BOSTON'S Red Carpet的搭檔，她也是童書的作者。

我有一位長期的最佳朋友，Jane Gaar，鼓勵我寫一本關於養育兒女經驗的書。我想這是個好主意，我很驕傲地告訴兒子，我把他撫育得很好。經過幾分鐘的思考後，他回答：「媽咪，是我自己撫養的。」我不能說什麼，自從我們在他僅是一位七年級學生時送他到寄宿學校，我們就不再撫養他，祇是付他所有的費用。

我的丈夫認爲我們的孩子們應該獲得好的教育，才能立足這個國家，因爲他們的父母是從台灣來的。我一位大學朋

友不知Oliver及Tonya為什麼常活躍在媒體談孩子們在不同領域的題目，我先生的兄弟問我為什麼我的孩子們表現都那麼突出，我告訴他們，我讓他們在放學後去私人課外輔導班學他們喜歡的課程。Toyna喜歡藝術，所以她學如何繪畫並擅長它，然而Oliver喜愛電腦，在他三年級時我們買給他初級電腦，他閱讀說明手冊就懂得如何操作小電腦。他在小小年紀時就成為電腦專家，這有助於幫他分析股票。Patricia在課後練習網球，成為中學隊的隊長。

我愛孩子，老天賜我四個孩子，他們已快樂、成功長大發育成人。撫養孩子及幫他們變成快樂、健康有自信的孩子（他們達成了），無疑是我生涯中最重要的工作之一。他／她們的卓越成功出乎我的期待。我的朋友們一直羨慕我孩子的成就，我告訴他們，這是我的運氣或定數，不是出於我努力工作。

在我小時候，我外祖母告訴我的陰曆生日與時辰，我使用這資料做一個紫微斗數（紫星占星術）的圖表，這在中國文化裡是一種相命術。紫微斗數中有12宮，有14個主星。有些宮裡面有兩個主星，有些祇有一個。三十多年前，我做了我的命表，我沒有很注意它的意義，直至最近讀了一本中文書的資訊，我發現我的命運很好。例如我自宮有天通（幸運星，享樂者），評分是A。它顯示我是面貌姣好的女人，我的微笑能誘惑許多羨慕者，同時我也是一位賢妻良母。我喜愛這評論。我的配偶宮有太陰（月亮），這評分一般，但它表示個性溫和冷靜，我會嫁給一位聰明、英俊的男人。出乎

我的意料，它證實了。我的財富宮有天府(heavenly mansion)在裡面，評分是AA。我從未要求任何財富，但我有一棟美麗的房子、商業大廈、兩筆土地，及在波士頓的公寓。我的少年宮有麗娜鎮在裡面，評分是A；所有的四個孩子很親愛我，總之我感謝我擁有我要的一切。有一天張太太跟我談及我孩子，我跟他解釋我的紫星占星術。他驚呼，我的孩子得惠於我命運的優勢。

2020年1月17日，我在貨車等候丈夫送拐杖到路易斯安那紐奧良波旁街的商店。我看到兩位白人街友共坐在一張折合的椅子上；年輕的一位越過街道找垃圾桶的東西。他取出啤酒罐，搖一搖它，發現裡面仍有一些啤酒。他立刻倒啤酒入一個塑膠杯裡，帶回給這位老人，他們看來像父子，一起流浪街頭。

我對他們感到悲傷，並回想起1967年9月僅帶2,500美金來美國進入堪薩斯的匹茲堡州立大學的情形。我於1969年1月畢業取得數學碩士學位。我由一位朋友介紹給我的丈夫。我的朋友李先生告訴我，我的丈夫是台灣人，是一位客座助理教授，那時候即將成為丈夫的他涉入台灣獨立運動很深。他宣稱他的狀況是一位快樂、單身，無孩子牽掛的人，他將致力他的一生為台灣獨立運動。為著他母親，我們於1969年11月25日在加州洛杉磯結婚。他不要孩子，但我非常喜歡，在他的讓步下，我們生了四個孩子。

我的丈夫比我大六歲。他變成家庭的主人，我總是把所有的家事都交給我丈夫，但也交我的薪水給他。他知道我不

善於清理家務、烹飪，甚至撫養兒女，所以他雇了一位女傭，替我擔當家務事。對此事我表示感激。

1973年，我的二女兒出生。我的母親從台灣來照顧她。因為我母親反對我們結合，我的丈夫和我母親相處不和諧。我設法取悅每一個人，結果不討人喜悅。我感到非常沮喪，一直到我從鬱悶中解脫，每天心情才感覺越來越快樂。

我兩個女兒喜歡逛商場，在童衣店買東西。她們告訴我：「只是看看，不要買。」在試穿衣服後，她們看起來很可愛，我還是買衣服給她們，雖然我知道，價錢有點在我們預算外，因我在大學僅兩份薪水。我鼓勵我的丈夫賺更多的錢，所以他購買兩塊可供活動房屋停留的空地。很快地，他從拖車空地收入的租金就超越我的兩份薪水，我們的生活也過得較舒服了。但收入仍不夠讓我們送我所有孩子到私立學校讀書，我坐在辦公室絞盡腦汁，想方法改善我們的經濟狀況。有一天，一個台灣婦人來訪，她嫁一位美國軍人，告訴我們她如何買她的新車，她是靠著帶美國昂貴的東西回台灣，再轉售而得利。我想，倘若她能做這生意，我也能。

1979年10月，我們向銀行以年利率16%貸款6,000美金，以8,000美金買下一間既有的銅貨商店。這家店在11月及12月賺錢。我的丈夫非常興奮，看他在算錢時，露齒而笑。

下一年度的1月、2月及3月，我們幾乎付不出租金。我的丈夫告訴我說我們需要馬上關店。我求他給店一個機會。很幸運地，我收到我母親一張8500美金的支票來支應，我丈

夫不再堅持關店。1980年11月，我們開始銅器批發生意，也兼作零售，兩者皆經營得很好，所以我們有能力送4個孩子們上私立學校。

1965年，我從國立台灣大學畢業時是85英磅重。我主修經濟學，暱稱阿瘦。當我懷孕大女兒Sonya時是92英磅，直至生下小女兒Patricia，她兩歲時，我的體重升到110英磅。我沒太注意體重的增加，重量繼續往上升，直至感覺身體常發冷與疲倦。我去看Harris醫師，他告訴我患了甲狀腺功能低下症。1985年，我參加1965年次經濟系第20屆在洛杉磯舉辦的同學會，來自台灣的同學看到我，很驚奇說我比她們胖，認為我吃太多美國食物。這是事實；現在我仍然喜歡吃牛排，炸雞，點心及冰淇淋。有一次我甚至胖到145英磅，我的腹部突出來。我知道要做一些事情來改善了。

經年不停的工作，我有一系列健康的問題，諸如高血壓，高膽固醇，全身酸痛。但我不能讓痛苦減下來。事實上，我找到赤鐵礦石並送給需要它的人們。反應很好。一位婦女告訴我，她因從山上掉下來，脊骨受傷，醫師建議她手術。但她決定睡覺時用四顆赤鐵礦石放在背部，現在她已恢復健康了。我可買新衣服穿或已能幫人療癒痛苦了，我選擇買赤鐵礦石送人。感謝我的朋友，Stanley Sun（孫獻祥）先生及太太，他們已經在引介赤鐵礦石的使用方法來按摩身體周圍疼痛的地方。他們也徵求捐款給柯喬治紀念基金會的義舉。我告訴他們，一年捐700美金就夠涵蓋他們向我要石頭送給他人的費用。最重要的是受贈者需相信礦石的效力及使

用它。

　　我是一類悠閑的人，我倡導享受人生。我喜歡盛裝與密友吃晚餐，之後去朋友家中喝酒，吃零食，談及任何議題，一直到晚上凌晨。

　　人過去有遺憾，不僅需想辦法彌補，更要學習如何富裕，快樂與健康。在這本書裡，我誠摯分享我自己的試煉與成功，您能從我的經驗中學習。我也邀請我女兒Tonya的丈夫Ben Mezrich分享他獨特的經驗給所有的您們。

　　這本書的所得淨利潤將捐給柯喬治紀念基金會，它是一個非營利的慈善機構，會提供一套兩顆赤鐵礦石，以綠色絨布袋包裝，送給身體有病痛的人們。這些赤鐵礦石做為一種工具，能減輕病痛、麻木、失眠、偏頭痛及關節炎。它也能增進身體能量及穩定情緒。

謝詞

2010年10月我開始贈送赤鐵礦石。收到石頭的人反應非常良好。我決定出版一本書籌款買這些石頭。我的中文書《銅屋雜集》在2011年11月出版。我的第一本英文書《穴位赤鐵礦石自療法》於2014年12月出版。

我要感謝我的徒眾，他們很細心地傾聽我的說明來使用這兩塊石頭。盧太太，北美台灣婦女協會(NATWA)紐奧良分會的一位姊妹，建議我寫一本練習手冊。我親愛的朋友Pat Beden-baugh先生，已故Patricia Behler博士，J. S. Woo先生及Jean Gaar女士很熱誠地幫我修正／編輯《穴位赤鐵礦石自療法》這本書，其中一位我親近的友人，已有30多年交情的Walter Wu（吳滄洲）幫我整理它的照片及這本書的項目，於2014年由台灣台北的前衛出版社出版。

這第二本英文書的出版，對我來說是美夢成眞，這本書若沒有來自我的編輯，Diana Slocum，Scott Lumry及Stephen Bailey博士的支持及關照，是不可能完成的。

感謝Xlibris公司審稿代表Hazel Taft及Vanessa Diaz在我出版這本書過程中的指導。

感謝Xlibris公司出版顧問，Milanz Ramirez，信任我及鼓勵我出版此書，在我幾乎放棄信心的時候。

感謝我們北美台灣婦女協會的姊妹們買我的三本中文書，尤其紐奧良分會的姊妹們。

　　特別感謝慷慨捐款支持這本書的人士：John Bult, Cheng Hsiung Chang, J. L. Chen, MD., Oliver Chen, Cossette Sun, Stanley Sun, Ben Mezrich and Tonya Mezrich。

　　最後，要感謝我四個兒女及其伴侶，他們是激勵我的無限資源，親切地支持我，僱用了助手Jessie, Benjamine, Sharon Gay及Harry Walker來照料我的家務事，我才能專心寫這一本書。

譯者序

／吳滄洲

人生是一輩子的事，涵蓋食衣住行，喜怒哀樂，酸甜苦辣的生活，不僅如此，生活是一場渡己的修行，若遇到困難，要學習爲自己開藥方，離苦得樂。

人生能享受是一件快樂的事，當然在生老病死的過程中，除了生與死無法掌握外，老及病就是我們生活中必經的歷程。

八十歲對我們人生來說是大壽，這本書的英文版作者，陳富美女士於2022年1月時驚覺再過11個月將邁入八十大壽之高齡。她認爲在她翹辮子之前，能將有意義的事筆記下來是人生的成就。

她從2022年2月起在網路鋪陳從小生活直至到美國留學、結婚、經營事業、生育兒女、及關注老人身心健康的問題，做一系列的報導，在網路上受到很大的迴響，後集文成冊於去年10月出版，英文書名爲《Enjoy Life》。

這本書中文譯爲《享受人生》，分三個章節。第一章要富裕，第二章要快樂及第三章要健康，其內容含括生活育樂、投資理財及健康保健，亦不外乎是富美姊的一部回憶錄，極具可讀性與參考價值。原著富美姊在美國面對的，大部分是美國人，目前她皆以英文寫作，尤其她丈夫，陳

榮成教授（George H. Kerr（柯喬治）博士所著《Formosa Betrayed》（被出賣的台灣）的譯者）已上了年紀，身體違和需要她的照料，沒有充裕的時間轉譯中文，她認為總要有一本中文版的書籍分享給台灣的朋友，因此她想找一位翻譯者來完成這一個構想，後來指定本人翻譯。本人一直認為富美姊中英文俱佳，這本英文書是一流之作，她亦曾寫過三本中文書：《銅屋雜集》、《關懷雜集》及《1970四二四刺蔣案內情再公開》（與陳榮成教授合著），還有一本《穴位赤鐵礦石自療法》(Self-Help Acu-Hematite Therapy)英文書，是一位大作家，應由她自己來詮釋內容較能表達這本書完整的意思。

但基於上述理由，她無法分心，要我承擔這工作，並表示若本人忙碌，翻譯並無時間的限期，或可找陳教授的同事分譯，本人找了陳教授摯友，黃純禧先生，奈何他很謙虛說年紀大，較沒毅力，英文字小，看來吃力而婉拒工作。最後由本人負起全書的翻譯任務。

本人甚為惶恐，怕翻譯有失原意，或有辭不達意之處，從今年2月起至6月間，每翻完一個章節即送稿給富美姊核對監修，歷經5個月完成，在翻譯的過程中，從富美姊處學到許多難得的知識及英文詞藻的表達，及了解她為申請「柯喬治紀念基金會／穴位赤鐵礦石基金會」非營利慈善機構的努力。

她寬宏大量，賣股票買赤鐵礦石贈送給身體疼痛、經濟弱勢的人們；寫書教人如何使用赤鐵礦石緩解身體痛苦、增

進身體的能量或穩定心裡的情緒。其最終目標，願人類沒有慢性及嘮叨的病痛，她這種悲天憫人的精神與付出，真令人感佩，在此對她說聲「善、讚」。

赤鐵礦石帶給富美姊信心與希望，她分享給大家，她在書中強調，要相信它，用心體驗，深信會帶給大家幸福生活與意想不到的快樂與健康。

今年適逢富美姊八十歲大壽，本人亦藉此祝賀她「如月之恆，如日之升，生生不息，萬壽無疆」。

譯者：吳滄洲，1947年生，文大英文系畢業，忠昌貿易股份有限公司總經理。

　　　　享受人生

要富裕

當你要一些東西，宇宙一起會幫你達成。
—— Paulo Coelho, *The Alchemist*

　　過富裕的生活是每一個人的夢想，我們所有人要過著繁榮及滿意的生活，在那種情況下，我們能快樂及滿足身心靈的一切。富裕生活的對比是匱乏，空虛及不滿意。

　　尋求富裕的生活，屬於敢追求夢想的人，他們相信它能實現，他們不讓負面思想阻礙它。

　　Richard Charles Nichola Branson爵士（生於1950年7月18日）是一位英國商業巨頭，投資家，作家及慈善家。他把成功歸於幸運、速度及勤奮的工作，包括在夜間及週末。他的書及傳記印證他大膽的思想，獨創力，願意打破常規及有毅力。Branson絕不允許沒經驗阻礙他成為有動力及勇敢的實業家。他叫他的公司名字為「處女」，因他與他的員工對事業都追求新穎。Branson的公司涵蓋航空業，無線交通，廣播電台，飯店，健康俱樂部，金融服務事業，天堂夜總會

（位於倫敦），可更新的科技業，一級方程式賽車，甚至太空旅遊公司。根據富士彼得報導，從2020年4月起，69歲的Branson財產淨值約40億美金。

　　您不需要像Branson一樣有大的夢想，但夢想為您自己、您的家人和其他人帶來可能性。若您有一個不能成就的夢，重新點燃它！煽風點火。生命太短暫，不要讓它走掉。一旦您承諾要實現您的夢想，矇住您眼睛的蓋子將被掀開。一個全新的世界將被打開到新的事業。有時候這個夢會花費一段長時間才實現，但要相信您的夢。我在小學六年級時夢想成為一個中文作家。我一直到高中時皆擅於作文，但我母親是一位小學老師，反對我成為一位女作家，她認為作家在男人為主的社會裡很難競爭。我在大學時選擇主修經濟學取代文學，一直就沒寫文章，到2002年才開始寫作，那時把一篇CNN文章〈The Weight, Watcher〉翻譯成中文，這篇文章我投稿到 Taiwan Tribune（公論報）週刊報紙。我激動地看到這篇文章刊出，同時我花費近4個月時間寫另一篇文章刊登在其他報紙，Taiwanese Pacific Times（太平洋時報）上之後，我常寫一些文章談及我的孩子們、我的孫子們及環繞在我周圍的雜事。漸漸的，我能收集足夠的文章於2011年11月出版我第一本中文書。我共計花費57年時間來實踐我的第一個夢想，那你呢？你有任何夢想嗎？若沒有，就來尋找一個夢想。

　　我喜愛孩子，1978年我兒子出生。我有三個孩子。我憂慮他們的教育費用，我們想送所有孩子入私立寄宿學校受好

的教育，但我不知道如何增加我們的收入。1979年10月，我們小鎮的一間小禮品店要出售，我丈夫獲得資訊，他告訴我這消息，並很興奮地看到賺錢機會，我鼓勵他用我們僅有的1,000美金的儲蓄來買它。我們需籌措8,000美金買那間店，我們幸運地從銀行借到6,000美金及從公公（丈夫的父親）處取得1,000美金。那時候接近聖誕節時間，我們沒有任何買賣經驗，但生意很好，我丈夫從收銀機拿到錢，他露齒而笑。

1980年1月，商店靜悄悄，然而我們有房租的問題。我丈夫建議關店。在三月份時，我從母親處取得8,500美金，所以我丈夫不再有任何藉口關店。再逢聖誕節來臨時，我們能做許多生意，在十月份，我們想我們也有潛力做批發生意，它漸漸地從五個客人到50個客人，像滾雪球般越滾越大。在我們零售與批發生意很好時，我的第四個孩子在九月誕生，我們認爲她是一位幸運兒。我憑自己力量往前進，這理念讓我感到驕傲，在店裡我選的項目賣得很好，這使我有信心及勇氣與膽識往前衝。另一方面，我丈夫不鼓勵我或阻礙我放棄目標，我要求他要有耐力。

沒有比這更驕傲的事了，你知道下定決心做事，並完成它的任務。負責任的人享受快樂的生活，由於看到工作的成果。我三個女兒都在他們九年級時，我送他們到私立中學讀書，甚至我獨子在他七年級時，送他到私立男校——伊格爾布魯克。我丈夫與我一直開玩笑說，對我們的孩子們，這些學校的老師是最昂貴的看護保母。現在他／她們都比我們富

有。這證明當你要一些東西，宇宙會齊心幫你達成。

　　雖然我達成目標，但仍不滿意。對我來說，甚至不是只達到目標而已。它像爬山，看我自己能攀登多遠。我的英文書《穴位赤鐵礦石自療法》於2014年出版；我第二本中文書出版於2017年。第三本中文書於2018年出版。我的丈夫是第三本書的共同作者。他要我在三個月內完成我的部分。我驚奇我有這個潛能在時間內完成。我在壓力下，血壓與血糖上升。逼迫自己做超越正常的事是荒唐，不值得。

　　我不富裕，我認為富裕的生活不是只是「有」而在於「給」。我完全相信這是真話，因為從「給」中我覺得是多麼精彩，這無法用足夠的文字來形容我感受到的偉大。當我贈予赤鐵礦石給有病痛的人們，及指示他們如何以石頭來按摩穴位，他們用了，解除了痛苦。我是出售我的股票來買這些赤鐵礦石的，他們感謝我的禮物。他們的感激比我持有股票的回報更大。

　　一些人認為錢財的富有是以噸計的現金。調查顯示，「財富的相對是貧窮」。然而經濟學對「富有」的定義因財政的情況而異。幾乎一半（46%）一年賺100,000美金的人認為，至少需要一年掙500,000美金才算富有，相對18%收入少於30,000美金／年的那些人認為，賺100,000／年才算富有。事實上，收入不是唯一衡量財富的理想方法。淨值，即總資產扣總負債，才能給予更全面的了解。畢竟，假如你生活入不敷出，你能賺六位數金額也會感到手頭緊繃。

　　2018年，Charles Schwab發現美國人認為比現金更重要

的是財富。當被問到如何界定「財富」時，前三個最受歡迎的答案中的兩個與金錢無關：28%回答生活沒壓力，18%說能買得起所要的東西，17%說與朋友和家人的親密關係是財富。

對任何工作，你必須去爭取它，並相信它會得心應手。你能選擇相信授權給你的事，及您能選擇不理會讓你退步的事，這全是一種推定。

我有一位朋友陳述，在32歲之前，他非常憂鬱，真不知生命的目的。經過30年後，他回顧他的生命，對我說：「感謝你生活中已擁有的美好，這是所有財富的基礎。」這是財富的真理。

1.1 要有夢想及幸運

賓梅立克(Ben Mazrich)在小孩時就喜愛說故事，所以他從哈佛大學畢業後決定做一位作家，而不顧他父親的建議當律師。他當過餐廳負責收餐盤的服務生，因此有更多餘的時間寫作。他早期的六本書屬醫學驚悚的故事，以致沒人閱讀它們。這些書被視爲無用的通俗與科幻之類。但其中的一本書被取材成爲電視電影叫《致命的錯誤》，它眞的很恐怖，在早上兩點時放映。他只是一個苦苦掙扎工作的作者。幸運地，他母親是最先閱讀這腳本的其中一人，也是他的編輯，偶爾會在財務上支持他，但他仍帶著80,000美金額度的信用卡。他當時沒錢，欠債300,000美金。他以信用卡支付租金。他結合所學，甚至通過商學院的申請，他認爲這樣將取得另一個學位，可找不同的工作，因寫作不足付帳單。

　　事情發在一個夜晚，一位朋友帶他到波士頓一家愛爾蘭酒吧叫十字路，位在從麻省理工學院(MIT)跨過查理士河的地方。他看到一群智力超群的土包子，他們有很多錢，身上皆是百元鈔票。這些捲縮的錢吸引他的眼睛。他被介紹給這群人。其中一位身高屬運動型的東方人，Jeff Ma（馬），賓問Ma：「爲什麼你有錢，所有的錢皆百元鈔票？」Ma邀他到他的公寓，指向洗衣間——那裡有一堆百元鈔錢，計250,000美金。眞難以置信，他從沒在一個地方看過這麼多錢。

　　馬邀賓隔日與他去拉斯維加斯，要給他看一些東西。賓沒有正常的工作，負債很多，所以他想爲何不？賓與馬及其他五個夥伴一起前往，司機帶他們到賭城大道的一間套

房。MIT這些孩子進來，開始從他們的衣服下拉錢出來。他們把它堆起來，共有1,000,000現金。他們以美好的穿束；假身分及秘密的手勢走入賭場，用他們精心設計的計算卡玩21點賭桌。賓大吃一驚，這是一件真實的故事，這比他自己想出的任何東西都要好。

　　賓回到波士頓，他寫好一本書的提案，並送出給他的經紀人。經紀人沒留下深刻的印象。他獲得他最小的預支款，他的書《擊敗東家》：裡面的故事是關於六位MIT學生在拉斯維加斯取得百萬元，這本書於2002年出版，僅印12,000本。它在紐約時報列入暢銷排行榜達63周。我的朋友取得一本做聖誕節禮物，對我說他的孩子告訴他這本書被視為所有大學生的聖經。它被改編成熱門電影《21》，於2008年放映。

　　與MIT孩子們在外面玩，帶壞賓對金錢的概念。他們外出走逛，口袋帶著以百元計的10,000美金，同時算錢以英吋的厚度計。他們說：「這裡是三英吋。」表示30,000美金。賓認為50萬元裝在行李袋去維加斯賭博沒什麼。賓與這些快速發達的人群在一起被搞糟了。他賣光所有這些小說書本，獲得許多錢，去巴黎兩星期花掉所有金錢。在他生命中，這是最瘋狂的階段。現在他認為，在年輕時，出版商交給他2,000,000美金的支票，他沒使用它做聰明的事。《擊敗東家》這本書剛出版就被發掘，所以他很幸運。他沒想到他將有那些錢，那時他做到了，他認為錢會繼續進來。很幸運地，他從這本書取得小錢，當數量超出某一些門檻時，每多

出一本書，版稅會增加。現在他仍從這本書抽到版稅。

電影《21》試映前的一星期，賓從某人收到一個奇怪的電郵，說他的朋友已在臉書看到這資料。這牽引賓與Eduardo Saverin見面，他是臉書共同創辦人，以前的財務長，他告訴賓他有「一個故事」要說。那個故事變成最暢銷的書《意外的十億富翁》，由於這本書，賓接到好萊塢的很多支持者的來電，如Aaron Sorkin，他要改編為劇本及David Fincher要當電影的導演。這熱門的電影《社群網站》，內容就是基於《意外的十億富翁》這本書，電影獲得八個奧斯卡的提名，贏得三個獎，包括最佳編劇。它也贏得金球獎的最佳影片、最佳導演、最佳編劇、最佳配樂及音樂獎。賓及Aaron Sorkin也共享最佳編劇獎。賓是唯一有兩部非虛構小說改編作品得票房第一的作家。

自從James Frey寫《A Million Little Pieces》這本書於2003年出版後，賓寫《The Accidental Billionaires》（意外的十億富翁）需要僱律師證明他的故事是百分之百真實的。Oprah Winfrey選上那本書為他流行空中讀書俱樂部的主題。這本回憶錄登上暢銷書排行榜。在2006年10月，Frey出現在The Oprah Winfrey的節目推銷他的書，談話秀的主持人以前說過她不能放下往事，說它是一本令人痛心的回憶錄，因內容並不是虛構的，是確切真實的。然而在2006年1月初，煙槍網站出版一份揭露公開法庭紀錄，有警察報告及不同來源的會談，顯示Frey造假及誇大A Million Little Pieces部分內容——尤其是他犯罪的過去及入監時間——這些情節讓

故事更精彩。這本關於臉書創立，性，金錢，天才以及背叛的書，使賓更努力搜尋所有的證據，在它於2009年出版後，於紐約時報登上18周的暢銷書。自從他變成一位暢銷書的作者，因這本書，他獲得100多萬美金的預付款。他實踐他的夢想，成爲富有與有名望的人。

2019年，他另一本書《比特幣億萬富翁》再成爲國際暢銷書，Greg Silverman's Stampede Venture與Winklevoss雙胞胎協力合作拍成一部電影。2019年，賓受《Billions》表演主持人Brian Koppelman邀請，充當編劇及第五季的顧問。《Billions》是一部電視劇，係以紐約金融界互相殘殺爲背景的故事，由Paul Giamatti及Damian Lewis主演。2016年1月開拍表演時，賓就是Brian Koppelman以及David Levien的大粉絲。

2020年5月，波士頓環球報邀賓寫中篇小說The Mechanic，是一部虛構的作品，由環球報獨立出版，可在BostonGlobe.com網站免費閱讀。賓帶我們做一趟緊湊旅行，經過他在波士頓的家，從哈佛大學的大廳到水濱豪華賭場，再到怪異沒聲響的博物館畫廊及我們認爲在地歷史可批判的地方，但我們知道顯然不能補足知識。它是有趣的波士頓密史 —— 被偷的藝術、玩紙牌老手、前科犯及更多的故事。史蒂文·史皮伯格·安柏霖(Steven Spielberg Amblin)的影業要拍成電影，賓將它寫成劇本。他非常興奮！2021年，哈奇物書集團亦出版《The Mechanic》這本書。

賓負債累累的刺激行爲已成過去，現在他的快樂家庭情

況，讓他變成較爲單調的人，他有太太及兩個小孩，像正常人一樣要持家，他更能控制自己，也覺得他是世界上最幸福的人。

1.2 三張驚奇的五元鈔票

這是一張幸運的五元鈔票

　　我丈夫從百拉宮賭場渡假村收到一張明信片，寫著「領取Jack Daniel's 免費禮物，有效日期在2020年12月4日星期五」，他認爲他應認領，我要安排在賭場飯店住星期五及星期六兩天，因12月5日將由電腦大廳抽出35位的得獎者。

　　2020年12月4日，當我經過天堂禮品店時，我看到一件T恤上印有Marilyn Monroe的相片。巧的是11月20日我去一家女子美容院，店裡小姐已經把我的髮型整理得像Marilyn Monroe式。甚至我的大女兒也有同樣的感覺。我想那件運動衫可能不便宜，所以沒立即買它。

　　我走入賭場，想玩一些老虎機的遊戲，但全沒好運氣。

我專注在我喜歡的機子上，Lion Festival Boosted Celebration，每手牌最高玩美金2.25元，當我花了大約一千元美金時，吃角子機將自轉200多次，最後停在美金1,275元。機器亮了，說我中了大獎。一位女士及一位年輕男人拿給我贏了的錢，沒扣任何的稅，我常把贏來的錢捐給柯喬治紀念基金會。這位女士要這位男士拿一件印有「我中了大獎」的T恤給我。

我移到另一台機器。我贏了一千多美金，所以我立即兌現走出，回到我先前的機器玩，也贏了300多美金。倘若我不兌現，所贏的金額超過1,250美金就需扣稅。在我回飯店前，我拿一張20元鈔票去玩，讓我驚奇的是，100多美元掉下來，我有更多籌碼來玩。

我回到飯店時是早上7:30，算算我的錢，有兩千元，我給我的丈夫200元，就馬上去睡覺。在我睡覺時，我先生開著Lexus車去加油，順便到賭場兜風去。他在週末不玩21點，賭場最低21點的賭注，每手15美金。我告訴他，我們有中午自助餐的餐券，也有45美金的娛樂卷——它最少足夠我買一件Marilyn Monroe的T恤。他建議我買兩件。我購買黑、白色各一件計美金50元，不另需付錢。我興奮得到2件Marilyn Monroe的T恤。午餐時間，我給丈夫五百美金，同時鼓勵他在午餐後去玩21點。

我錢袋裡有1,300美金，我想試玩一些老虎機的遊戲，一直投入100元美金。最後決定回到神秘的報償的地方，昨晚去玩的快擊中心。中心有10台老虎機；一邊有3台，另一邊有3台，及一邊有4台。每台有7種遊戲，諸如Lion Festival

Boosted Celebration, China Shores及其他，所以你在一種機器上有許多選擇。這中心在這賭場內，有最熱門的座位。我去一台機器玩，滑動了許多次，但轉不動，只好移到下一台機器。我從這台機器贏得500多元去兌現。突然間，我決定投入20元鈔票進入機器，換4張5元鈔票。我一張給坐在其他角邊的一位女士；我叫她蘇珊。我另給坐在我身旁的另一個人一張，叫安娜，她坐在我前晚中大獎的角子機上。我也給了一位坐輪椅的男人一張，他坐在我一直輸的機子上；我叫他鮑伯。他們很驚奇。我告訴他們一張5元的鈔票會帶給他們好運。坐輪椅的這位男人不拿那張5元的鈔票。他把它放在老虎機的右角邊。我看到機子裡僅剩27.50美元與他原來放進去的一百元。突然間鮑伯得到602輪轉，他很高興地告訴我，若我是單身，他願娶我。那是好的機器，我不斷告訴鮑伯，他需要付稅。

我認為他太太應該想要知道他發現一台好的老虎機，所以我問他是否有太太或無。他告訴我他單身，是一位時常會惹麻煩的人；他唯一的財產是一台除草機。在這情況下，需有人幫他。做任何事情靠一人很難。他一手僅能玩1.35美金。最後，機器停在1,164.50美元；他不需付稅。他很高興，即將它兌現，回過頭來再玩，贏得300多美金。他問我是否我會來參加12月5日的抽獎；我沒回答他的問題。他決定離開，退還那5元鈔票給我，他告訴我他要買炒鯰魚帶回家吃，並照顧他的除草機。

我一直輸，我1,300美金已用完了，我需要從出納人員

處借500美金。另一角落，蘇珊很興奮大叫，這5塊錢確帶給她好運氣；當贏金超出500美元時，她就兌現，同時她低聲對安娜說，當她贏500元以上就要兌現離開。安娜的機子不是那麼順，所以過了一段時間，才贏得500元美金，但她機子比我的順得多。

在6點時，賭場開始抽名字，我沒注意。前晚給我T恤的年輕人走過來告訴我，我的名字被抽到了，他看到我坐在那裡沒動。我告訴他我沒聽到我的名字。我衝到抽籤處，遇到鮑伯；他划著他的輪椅車到我的機子邊，他試著要告訴我，他聽到我的名字，並說他要退還我那張帶給我好運的五元鈔票。我們很高興，我們兩者皆爲彼此帶來好運，我得到一個Powerbeast　PRO牌的耳機獎品；價值250美金，我認爲上帝因爲我做了一些好事，酬報給我，但想到其他人比我更需要錢，所以我得到了一個耳機，而不是Walmart的禮券或現金。

我回到座位，感謝這位年輕人，並要他注意我的機子。我繼續玩其他老虎機並回頭看蘇珊在玩什麼。在他的機子裡有1,850美金，仍然有兩佰多輪轉。我告訴她應與我分享一些錢；她說她需扶養三位孫子。我祝福她好運氣，以便在這聖誕節她能給他們更多的禮物。我詢問他們的年紀；她說老大是一個15歲的男孩，有2個孫女，分別是10歲及8歲。我替她感到悲哀，她已是一位年紀大的女人，仍承擔養孫子的重擔。我有4個孫子，他們被我兩個女兒照顧得很好。

星期日的早上，我丈夫開車載我回家，我一直在想三張

驚人的五元鈔票。它不僅帶給三人好運氣，也讓他們贏得看似對他們需要的錢。我決定保留鮑伯退還給我的這張5元鈔票當作紀念品，並拍照貼上這文章。

星期日除了烹飪吃午餐，整天睡覺到晚上7點，才與我兩個女兒在谷歌(Google Hangouts)談話，我告訴她們運氣不好的賭場情境。

我告訴她們，我來賭場的主要目的是見Diana Slocum女士；她在貴賓室工作，也成為我的一位好友。她承諾編輯我的新書，所以我電郵我的文章給她，但發現她有家庭的問題。她沒有時間編輯我的文章，她大女兒原計畫替她安裝電腦印表機，但她生病了，需在月底開刀。我求她幫忙；她僅能替我編輯一篇文章，所以在星期五帶那篇文章給她。她星期六沒上班，但她允諾了，並交櫃台小姐把我的文章還給我。我告訴她要付給她每小時美金10元的編輯費，但她回我說我常送給她許多禮物，她做這件事，免費。星期五，我身上帶1,100現金，我抽了一張100元的鈔票給她，要她用它替她女兒加油打氣。我告訴我兩個女兒，在生命的舞台中，我唯一目標就是成為名作家，不需介意要花多少錢來編印我的書。

約在晚上8:30，我烹飪晚餐。餐後，我嘗試吃幸運餅乾，餅乾內夾著的紙條寫著：「你有鋼鐵般的意志，這會幫你成功完成每一件事。」我立志有人接受我的作品，送我的書給任何出版商，只要有一間出版商接受我的書。

1.3 機會敲門

　　1969年，我丈夫獲得路易斯安那州西北州立大學(NSU)副教授的工作；他與David Miller成為親密的朋友。David有一位養子Eric，他與我大女兒Sonya同年紀。在周末時，我丈夫與我帶Sonya到David家，讓他們一起玩耍。David住在離市區有一點遠的一條小路上。他的木造房是在這條路的最後一間，在街尾有拖車停車場，停三輛車。我們發現，這房子及拖車場屬於一位阿拉伯學生Ali所有。他從他非洲家鄉帶一些錢來買的，他決定使用房屋及拖車場租金的收入來付學費。Ali住在其中一個拖車場。漸漸地，我的丈夫與David、Ali及一些朋友也玩撲克牌及21點。Ali喜歡賭大的，但David訂了玩21點的規則，最大賭注為美金10元；當一人一晚輸掉15元，他就從遊戲出局了。

　　一天晚上，Ali告訴我先生，他要賣他的拖車停車場給他，金額為美金2,500元；我丈夫認為Ali是一位貧窮的大學老師，在開玩笑。我先生不認真把它當一回事。他回家告訴我這消息，我告訴他，它是一件很好的交易，鼓勵他買它。真確地，下星期的周末，Ali再提那件事。我丈夫對經營拖車停車場的事業沒任何經驗，但Ali承諾要將他所知道的每件事教他。他告訴我丈夫，他實在不願出售他的拖車停車場，但他太貪婪想贏快錢而輸掉他所有的錢給職業撲克牌的玩者。

　　我丈夫想，他能使停車場放更多的拖車，所以他利用從

拖車停車場賺來的錢去雇用台灣來的研究生，幫他在地上舖更多的混凝土路面。他決定存更多的錢來買更多的拖板車。我堅持我們應從銀行借款來買更多的拖板車。我算計當我們越快買拖板車，將它們租出去來付貸款，與等他存夠錢時相比，我們可以更快還清銀行貸款並賺到錢。比如，我們買一台拖板車1,000美金，租出去每個月125美金；不需一年就可還掉貸款，我們不要等到有了存款。那是一輛非常可愛的拖板車。在我們出租前，我們帶Sonya看房屋的內面，她立即喜歡它，她要她的爸爸讓她搬進去住。她想要自己有一個房間，另一間放她的玩具，那她就不需每晚從客廳挑她的玩具放到自己的房間。

最後我丈夫購了12輛拖板車出租。當天氣下雨時，拖板車停車場的地上太泥濘不能走路。他決定在拖板車停車場舖上水泥路。他不知道如何建水泥路。對他來說，它是一個大計劃。他開車繞著市區，當他看到有人在築車道而倒水泥時，他就停下來學習方法。逐漸地，他知道如何蓋水泥路。他也到一家水泥公司去請教；這老闆很好，告訴他有關倒水泥之前的所有工具及材料。他訓練台灣的學生，幫忙他做這工作。在架構路之前，他去買許多的泥土；他指示這些工作者挖比路面深4英吋的地，倒入水泥。其中的一位租戶在房屋委員會工作，告訴他應該向為其繳納租金的房管局申請租屋。他的申請准下來，突然間我們把所有拖板車都租出去了。

他認為他應該設立一個公共電話給租戶使用。電話公司

很好，在那塊地上來設立一個亭子，我丈夫從電話亭收錢付電話費。一個夏天，我丈夫外出去推動台灣獨立，有兩星期時間，他不在家沒付電話費，電話公司事先沒要我付帳單就切斷電話線。當我付了帳單並要求重新安裝，我被通知需付幾百美金的費用。我向州代表Donald Kelly報告電話公司的錯事。他承諾他要打給電話公司解決這問題。真是驚奇，電話公司竟打電話告訴我，這電話要變為半公家的。就是電話公司每月會送給我一張支票，其金額是這電話亭收入的一半。這是一種解脫，我不需付電話費，且能從電話亭取得一小筆的意外收穫。

在大學教一陣子的書後，拖板車的停車場生意也穩定了，我丈夫有較多時間交朋友。他參加 Elks 俱樂部，它是男人專屬的俱樂部，他成為撲克初學者。一些 Elks 俱樂部的會員是職業撲克牌的玩家，他們很高興擭取我丈夫的錢，甚至某些晚上他輸掉1,500美金。我對他賭掉他辛苦賺來的錢很生氣。他解釋這是他付出的學費。我了解了：為什麼Ali很快輸掉他所有的錢。

他無意間買下其他小的拖板車停車場；有一個人在街角的空地也有5台拖板車。當我丈夫開車繞市區時，他在小拖板車的停車場前看到出售的招牌。他打電話給這所有人，這主人告訴我丈夫，他職務高昇，要移居另一較大城市，所以需要出售拖板車停車位。Ali完成他大學教育時，他也賣給我丈夫那間木屋，我們擁有二個拖板車的停車場及一間房子後，我們每月的租金就超過西北州立大學校長每個月的收入。

因所有的拖板車有點舊，有許多是買來就有問題了，例如，空氣調節不能吹得順，廁所會漏水等等。我丈夫平時教學之外，在晚間去上冷氣維修課程。而向大學生收錢也是一件辛苦的事，尤其在月底的時候，因為外地的大學生要回家，所以我丈夫需要在晚上去拖板車停車場收租金。有一晚他從拖板車停車場回家，拿一張百元大鈔給大女兒素亞看，並告訴她是從停車場的樹採下來的。第二天早晨素亞很高興地告訴女傭瑪麗，說昨晚她爸爸從拖板車停車場的樹採下百元的鈔票，她要瑪莉在她下課後帶她到拖板車停車場去，她也希望有百元鈔票。

　　有一天，一個男人來看我的丈夫，想租一個地方把他的拖板車停在小型拖板車停車場上；我丈夫建議他用買的，不要用租的。他很高興擺脫了一個問題。5年後他發現這些拖板車退化到幾乎不能修理，乾脆放棄。

　　又有一天，他的同事Charles　Keenan與他閒聊，提及他第一個妻子Alice（那時他們仍在婚姻中），她要用她的錢投資生意，追求企業營利。我的丈夫立即說服他們以美金5,500元來買拖板車停車場及木屋。Alice認為這是一筆好生意，她同意買下來。兩年後她買下一個店面，開一間家具出租店。

　　我們使用這些錢買2英畝地，上面有較大的四間臥室的房子。新房屋水泥車道很窄，早上我急忙要倒我的車時，掉落水溝兩次，我的丈夫決定省錢自己來擴建車道。之後，我們在2英畝土地的另一邊蓋了一個倉庫，她在倉庫前面再造

一個水泥場地。受益於他倒水泥的知識，他築了一條水泥路。

1.4 儲蓄或投資

當你有多餘的錢時，你能使用它做一些事情。你能消費它，儲蓄它，未雨綢繆或為前途投資。倘若你設法要增加財富，你要知道消費不是最好的選擇，但儲蓄與投資之間的抉擇是有點複雜。

兩事可互補，在特定情況下，一種常比另一種好。這一切來自你生活的境界，你的目標及你現在已有的哪種儲蓄。假如你全然沒有儲蓄，那儲蓄應是你的首選，每一個人應要有能保持3~8個月生活費用的緊急款額。有了它，會給你心安地知道，倘若有嚴重的事情發生，如失業，你會憂慮須處理緊急事故，而不必擔心生活上的財務負擔。假使你失去了工作或有預外的開支，你能使用這些錢來補平拖欠的帳單或增加信用卡的債務。你開始儲蓄約500~1,500美金的小金額作緊急之用，是建立充足儲備應急金的第一步，這較小的目標較容易達成，一旦你達成你財務上的重大事件，這可讓你感覺有成就感。

現在你了解緊急款額是什麼了，你可能想這緊急款額對其他人是很棒的措施，但你現在真正還不需要有它。我的朋友Amanda認為，她的工作很安穩，可是突然間她工作的公司被一家較大的公司併購，她的部門變冗贅而被解雇。失業

前一個月，她剛買新屋，得面對銀行抵押的問題。她幾乎會失掉以前的公寓及新買的房屋。很幸運地，她有應急款，她開始與朋友做生意。你應持有高利益的儲蓄應急款，或短期金額市場帳戶。這方法，讓你需要用錢的時候，你幾乎立即有資產可提。

儲蓄是一種好的選擇，但須有許多紀律得遵守。只要有堅定的決心，這不難達到目標。你若能確切養成儲蓄的習慣，對你有極大益處。如你計畫一個臨時大採購，好比買房子，最好需將分期的首期款的錢儲存在活期存款帳戶(Saving account)。當你要快速取錢時，您也應該考慮儲蓄。你喜愛至少一年一次的假期，若沒有專款，通常情況是不可能的。有累積存款才能實踐旅遊的夢想，家庭與朋友才能享有休閒娛樂及聚會在一起的時間。使用存款去旅遊總比陷入負債（向銀行貸款）要好。若你想買車子，可使用你的存款，選擇付全額或初期保證金的車貸。這是最理想的辦法，預算完全由存款來資助買較便宜的車，取代車的貸款，這將使你省下付利息的錢。

儲蓄有長期的好處，其中的一點是有基金作退休用。許多人員倚賴養老金，但常不夠滿足他們的需求。養成存你收入一部分小錢的習慣，過了幾年，能累積成為一筆可觀金額的退休金，這將使你退休後過得更舒服。從以上的觀點，很明顯，假如你履行儲蓄的原則，你會在未來避免財務危機的可能性。這是一個你值得養成的習慣。

在70年代的早期，平均儲蓄率開始攀升，達到14.60%

的高峰。1979年10月，我丈夫及我開一間禮品零售店；我們需借6,000元美金，付16%的年利率。但銀行最近提供很低的利息。你賺到的小利潤很快被升高的生活費所吞噬掉。儲蓄，獲利較難，投資可讓你的錢替你翻騰。當然投資有風險，但只要你知道，你正在做什麼（或從他人的作為取得幫忙），這可能獲7%的回報，或在去通膨後獲利更多。投資給予你一種更快的方法來增加你的財富，只要你有毅力及有能力預測市場上下動盪的時機。

你越快開始儲蓄及投資，就更有財政的安全及財富。請記住，當你開始計畫你的未來，絕不會是太早。在開始儲蓄小金額時，不要有羞恥感。甚至一個月存20美金也比沒有好。若你開始時較慢，不要對它有壓力──就即刻奮發起動吧。一個普通的問題：應否在銀行存戶支付利息很低時才投入儲蓄。這個答案幾乎是完全否定的。存錢的目的不是無風險放著使它獲利，而是保存它，在你需要它時能立即用得上。當你付完必要及需要費用與緊急款項後，就能剩下一些金額來投資。塞住消費的漏口，放出現金來儲蓄或投資。每一個你放錢的地方都涉及某種類型的風險──甚至你基本儲蓄的帳戶。雖然你明天不必憂慮你已存在銀行帳戶的既有存款，你仍然有通貨膨脹會失去未來財富的風險。

但是，如果你沒有搶先一步對投資進行操作，或目前你憂慮沒時間？此刻你必須潛入探究，開始進行了。大多數退休帳戶允許額外的補繳供款，以幫忙你在退休前的幾年裡儲蓄更多。例如，策畫僅投資你薪水的1%金額到雇主計畫。

一旦你履行了1%提供款，你能每年逐漸增加金額。例如，第二年，能增加你的提供款至你薪水的2%；第三年，能增加你的供款至你薪水的3%等等。假如你的僱主提供配套的提供款，那將使此措施變得更臻美好。

控制風險是你投資策略的重要因素，避險的一種最好方法是分散你的投資及存款到不同的管道，這個很重要，因為倘使你所有——甚或大部分的錢投資在一個地方（不論是股票市場，房地產，甚至你家鄉發行的市政債券），假若發生問題，你會有大風險輸掉所有。多樣化投資很重要，均衡投資的組合，包括分散投資款在不同型態的資產及投資於每種資產的不同證券。這樣可減少風險，因為雖然有些投資獲利較衰退，但有其他有利所得。思考這方法；假如你所有的投資是單一公司的股票，其價突然攀跌50%，你將損失一半的積蓄。若你的投資分散到其他股票及房地產，債券與其他產品，那損失將不會影響你那麼多。適當分散積蓄，你要買不同產業的不同股票。最好的做法是投資公共基金。它是一種股票的收集，代替你買一點點的個股（它可能每筆交易增加費用），你能有效地擁有許多股票的一部分，不需每次交易時付5-10美金的費用。

你會經驗到選股的興奮及遵照著進行，也不需對持續活躍的交易有上下戲劇化的不安。你可能曾聽過這術語「Bull牛」及「Bear熊」市場，最簡單的說明：「Bull」即上漲（多頭），「Bear」即下降之意。要記得最重要的是，在股票市場，沒有驚奇的賺錢術。甚至有經驗的投資者使用理論或

策略，但有不同程度的成功是靠多種因素。

　　股利投資是一種策略，它給予投資者兩個潛在利潤的來源：一種是一般股利的付款，預見到收入；第二種是過了一段時間的資本增值。買股利股票對想增進收入的投資者是一個很好的方法。讓我們看一個例子。假定，你買一家公司100股，每股10美金，那家公司配年股息0.3美金。你要投資1,000美金，經過一年的時間，將收到30美金的股息。那就是獲得3%的股息利率，不太差。你選擇要股息獲利多少，取決於你可以公司的股份再投資他們，買不同公司的股票或買一些披薩或一艘遊艇。不管是否公司的股票價格升或降，只要公司繼續生產，就會有股息的付款。如果你今天建立一個投資組合來增加收入，很重要的，要記住股息對公司不是強制的，如同以利息支付債券一樣。那就是若公司必須減少費用時，股息就有風險。心裡記住這一點很重要，建立一個收入安全邊際的資料及分散具有困難風險的公司。這裡是一些知名公司付股息的歷史與他們的股息利率，這資料是我2020年10月2日所擁有的，每股金額：

公司	股息利率	股息金額
Altria Group Inc. (NYSE:MO)	8.85%	$0.86
Philip Morris International Inc. (NYSE:PM)	6.45%	$1.20
Pepsi Co. Inc. (NASDAQ: PEP)	2.96%	$1.02

　　正如你看到的，股息、股票來自任何產業，股息金額與利率，從一家公司到另一家公司有很大不同。

股息利率是一家公司每年付給股票持有者股利和股票現值的百分比。假如股利不變，這數字告訴你，你今天買的股票能期待未來的收入有多少。例如，若一張股票(MO)每股交易38.94美金(10/2/2020)，公司年股利是每股股息3.44美金，股率是8.83%，公式是「年股息除以每股價格等於利率」。在這情況，3.44美金除以38.97美金，等於8.8%。

1.5 在大學選擇合適的領域

高中階段，思考上大學時要學哪門課程，大學畢業後要找什麼工作，確實有許多選擇。一開始，你就應該把焦點放在找一個較好的工作上。事實上，有許多工作有高薪水。所以無論你還在讀高中或要變換工作，你有許多選擇。金錢是很有影響力的東西。它會令一些人快樂，令其他人痛苦。現在對金錢的追求幾乎與快樂相連結；許多人主張錢等於快樂。假如追求金錢是你的目標，在2020年有12個賺錢的上等工作。它有潛能讓你賺很多錢：會計、商業管理人員、電腦系統暨資訊技術經理、工程師、娛樂專才、投資銀行員、律師、藥劑師、醫師及外科醫師、職業運動員、資產開發商及軟體工程師。

有了這張表是一回事；要挑到好工作也有些難處。你應找到最適合你的高薪工作，一些工作很有壓力，像投資銀行員。其他較有規律的工作，諸如會計師或藥師。有幾十個不同標準能讓人實踐真正夢想的工作。你每天為你自己面對選

擇。你要穿什麼衣服？開哪種車？你有哪種嗜好？你做決定後反應出你是誰，對這世界，你如何代表你自己。

以你的教育而言，選擇本身是你要做決定的。不管你相信它與否，當你決定要追求學習的領域時，你對自己做出的所有這些決定會影響您未來的選擇。你要投資幾年時間及許多金錢上大學；當你選擇主修課時，你至少應知道一些知識，你自己以後要進入什麼行業。這含意是在那學習領域中，尋找有潛能的工作機會。要確認知道你必修的課程；與您的學長交談，以獲取他們的經驗。可能你不能馬上預知所有答案。你或許不能在簡單問合理的問題時，仍然有很好的價值，嘗試找出答案比在突然的願望中跳入任一問題要好。

當你自己做決定時，你要有了解自己的認知，這很重要。這好像要去一趟困難且深入的旅程，但不要怕，花一點時間深切了解你。你是外向或內向的？你是好交際的，喜歡交新朋友，或你較喜歡獨自一人，不與人交往？倘若你是害羞的人，像客戶的服務課程將是一個不好的學習領域，因而不是令人滿意的職業選擇。想想你的嗜好。你美好的事業可能隱藏在你最喜歡的嗜好中。你喜歡解決問題嗎？喜歡做填字遊戲嗎？或許做工程或法律的工作較適合你。你喜歡用手來工作嗎？你會成為建築師或機械師，在行業上找到快樂。誰說你不能以你的嗜好來修課呢？

當內心凝望自己，哪個教育的途徑對自己最合適時，要知道也有外在方法可幫你做決定。一些大學會支援學生接受動機觀察。它是一種行為的評估，有助於幫你了解你的力量

與個人資質。當你在考慮及選擇你的學習領域時，這種行為評估將引導你及你的資質整合到正確心態，有什麼是好的成功方法去追求你喜歡的工作，包含你的個人興趣在裡面呢？它一切從正確的學習領域開始。

「隨你的熱情」做事的群眾很喜歡並盛行引用孔子的老話：「選擇你喜歡的行業，在一生中就不必每天工作。」這裡的問題是：你不僅僅要「選擇你喜歡的工作而已」。為什麼？因你沒有足夠的經驗！首先要辛勤工作。你必須辛苦工作，經過令人厭倦汙穢的訓練，才能獲得足夠的技巧而開始了解某種行業的特色，這才可能成為你的「熱愛」。選擇課程要基於對你有興趣的科別；這對你的課業才有所助益及享樂你未來的事業生涯。學期後回到學校，許多人厭煩有許多課程，改選課程，只因課程令他們厭煩。

假如你願意選讀特殊的課程，你先要對它有興趣。有一些課程像工程，它需要有潛能的學生，他必要具有數學及科學的專長。你興奮選課前，要評定自己是否能勝任。它是重要的，去問有經驗的人談大學學習的問題。有些人較喜歡找生涯諮詢或職業顧問來評量他們的意見。職業顧問會幫忙學生準備他們喜愛職業（及生活！）的成功方法。假如你要做任何事情，不要讓他人的建議很快拉走你。考慮他們的話，做你的研究，最後你自己決定。讀大學要花許多錢，所以擬訂職業規劃的決定非常有用。實質上你正在應用你的金錢、時間，及4年間有潛力的工作賺來的錢，以換取未來更好的工作機會。

選擇有出路的課程是重要的。否則讀書多年，你卻成為一個失業的畢業生，沒有比這更挫折的。這個世界不只是談錢的事，所以你的主修選擇不應該僅限於此。我奉勸你考慮主修有出路的一些課程，我體會一旦你開始工作，你的職場一星期要花費40小時的時間。自週一到週五每天早上，你從早上9點到下5點工作，用打卡鐘打卡上下班時間，著重在勞力的工作。這不是你享受生活的方法。一天工作8小時，一週5次，這事讓你痛苦，這不是你最美好的生活方式。

　　如果你不確定什麼課程你應該選，嘗試在大二之後自己找專業的入門級工作，看哪種特定的工作對你是否合適，或與你的專業同學可建立友誼。若你真的與他們能快樂共度時光，那是一個希望的象徵。如果在大學經過一至三年級，你決定要轉換你的專業課程，對一個理性的決策者而言，在選擇轉換與否，僅會考慮一種形式的成本，那是預期的成本。就是，你使用你自己的優點單獨決定。你會思考：想轉變專業會更接近我的目標嗎？它會使我更快樂嗎？我有承諾的資源嗎，或增加的負擔會太多嗎？

　　不幸地，人類常常是理性決策者，很難簡單地放棄既有的發展，若如此做是有利的，看似可帶來較好的願景。改變你的專業，不是說你要放棄或變成一個失敗者，它意味著你要轉動你的注意力到一個更有希望的機會。但是不因為當你做某些家庭作業時，因不喜歡某特定的課而感到無趣，而要變更專業課程。不是每堂課都會成為世界上最令人興奮刺激的事。不管你選擇什麼事業（及工作），總會有必須做無趣

工作的日子。在大學裡，我孩子選擇商業做他的主修，他不喜歡會計。他英文很好；他的英文老師在他讀大二時勸他主修英文，他問我的意見；我告訴他，倘使他要當中學老師，他可以改變他的專業課程，最後他沒變更他選的主修課，副修英文，進入賓州大學沃頓商學院。他喜歡他的工作，感覺工作像他的玩具一般（駕輕就熟）。

　　大學畢業後，許多人討厭他們的職務，因為他們不真正熱愛他們做的工作。有什麼比你不願做的事更感覺厭惡呢？結果這憎恨會造成壓力；最後它對你的健康產生長久的影響，有些人一醒來會頭痛。許多大學畢業生走入不適合他們的職場，有所迷失。當人們選擇他們的工作時，他們有時被金錢給蒙蔽，所以選擇跟著錢走。金錢是巨大的，能買到任何暫時讓人開心的事物，所以許多會計師進入美國公司，每週不斷地加時工作，在發薪日獲得巨額的薪水。他們許多人的錢積聚一堆，但他們真的沒享受到工作的成果，因為工作佔據他們大部分的生活。

　　選擇主修課程，感覺是現今世界上最重要的事。但一旦你離開大學，開始工作，你的專業開始變成較不重要。在進入你職業生涯幾年後，它一點都不重要了。所以要挑一些你有興趣的學門，最好不需要太多，若你選擇一門負擔較輕的課程，就能開放時間做其他事情，諸如打工、實習或交友。雖然你的主修課程是你職涯道上的一部分，它不能決定你的目的地。

1.6 做一個懂籌款的企業家

你夢想做一個十億富翁嗎？大部分十億富翁是企業家，家庭成員或是企業家財產的繼承人，抑或擁有自己企業，不然就是數十億美元企業的股東。富士比雜誌於2020年的年表認定約有2,100位十億富翁，這些世界上的超級富翁來自廣泛的背景，許多富翁開始時僅有很少錢，或沒有錢。

一些頂級的十億富翁，包括Jeff Bezos, Bill Gates, Bernard Arnault及其家庭，Warren Buffett, Mark Zuckerberg, Larry Ellison及其他，這些巨富有一些共同的特點：他們賺錢不是從選股中取得（除了Warren Buffett）；他們創立公司，為他們公司發行股票，擁有許多股份。在他們的生涯中，沒有一個人是僱員。

當你羨慕他們的成功時，你可想到創業精神是最終目標。做為一位企業家，經營自己的事業，是了不起的，但也是相當難的。開一家公司是你曾獲得最有意義、興奮及有趣的機會。倘若你知道風險，你仍死心塌地要成為一位企業家，你需要有運氣、策略及忠告（別人給的意見）。

你不一定要開發一些新的東西。假如你能提供現有的產品在較低價位，有較好品質，或兩者皆理想，你將獲得許多客戶。這顯然有更好的存在需求。

1979年10月，我丈夫和我僅用儲蓄帳戶的1,000美金買下一間銅製品禮品店。我丈夫參與地方政治，認識我們小鎮的一位商人。他告訴我丈夫有一家店要賣八仟美金。他的

朋友鼓勵他買下那商店，因那時銅製品非常流行。每個人喜歡有一些看似黃金的銅製品來裝飾房子。我們從我的公公處借了1,000美金，還有一位朋友自願當一筆6,000美金的保證人，因為他是我們小鎮銀行會的一位成員。我們既沒經驗也沒錢，很勇敢地買下禮品店。我們開始從兩位內弟及我的親哥哥處借錢。若你使用信用卡做商務費用付款，不是典型的好主意。有時你需一筆錢來應急，那時你沒有選擇，信用卡可以貸給你錢，初始費用僅收費50美金；假如你在6個月內還款，你不必付任何利息。我至少使用6張信用卡來週轉，同時在6個月內用新貸款還舊貸款。我們很順利還款，不須付任何利息。我們從小型商業管理局(SBA)借美金5萬元，買更多銅製品售給百貨店。因為我丈夫在台灣人社區很有名，主管台灣SBA的人借錢給他，全然不要求任何財務報告。

如果你喜歡投資，選擇吸引你的項目，但不要過度競爭的項目，最好是獨特的。1967年我來美國時，我喜歡參觀藝品展覽（秀）。小鎮上年紀大的女士們在藝品秀賣他們的棉被產品；我買下各尺寸的毯子。1982年，我丈夫及我參加達拉斯禮品秀。它是批發商的展覽，出售商品給零售商。我看到Barbara及Patricia在一個小攤位上，勤快地向客人解釋她們的被子產品。我愛上她們的產品。我買三套長的服裝袋子及大的旅遊行李袋，一套給我自己，其他二套給我兩個女兒。我現在仍喜用它們。這兩位女士開始時用美金五百元經營他們的公司。現在這家公司由於他們的獨特產品很興盛，

已進入股票市場。這家公司供應各式各樣的產品，包括袋子及旅遊、家用及時尚附件，諸如錢包、眼鏡盒、珠寶、圍巾及各式各樣的科技附屬品。

假如你擅於電腦科技，你應替五大科技巨頭工作，即FAAMG—Facebook, Amazon, Apple, Microsoft及Google，它們有超過4兆元的總市值。這些強大的科技巨頭經常吞噬有抱負的競爭人才、科技或整個業務。在你與他們工作後，你會改進你的工業知識及節省一些錢。有一天你會設立你的公司，也許能將你的公司售給他們，誰知道？

現在你已有個概念，但不要辭掉你日常的工作。在你全部投入之前，你需要備有8個月的應急款。我丈夫在開禮品店時並沒放棄他教學的工作，所以他的薪水可以支付所有家庭的費用。我們不需從禮品店拿出錢來，可以把所有利潤拿來買更多更多的商品。除了金錢的議題，你要知道你進貨之前，他人正渴望你的產品。找一些客戶或給贈品測試你的產品或服務是否有市場需求。倘使它們得到壞的評論或沒人需要它，你應再思考其他的方法或重新開始。當我們開始羽毛面具及圍巾生意時，我們很小心選擇款式及顏色。開始時我們從工廠訂小量的貨。東西賣得好時，再訂多一點。最後，羽毛面具及圍巾在紐奧爾良的零售店賣得很好，我們賺了足夠的錢送孩子們上私立學校。

一般的見解，當你開始新事業時，你會找股東。你喜歡有股東，或你喜歡獨立做事嗎？根據你的情況來做決定。這不需要受傳統的指引。

爲了賺錢，你需花錢。大多數企業不符合資格，你不能找到任何東西。你也不能申請你公司第一年的貸款，因貸方不願做有風險的投資。你籌事業起步的資金，最好的方法是向你朋友或家人尋求個人借款（有或無利息）或甚至捐款。

　　然後，你能利用小型商業管理局(SBA)小額的貸款。小企業最高能拿到五萬美金；平均SBA貸款是13,000美金。

　　還有，非營利貸款者也可選擇。小額貸款和非營利貸款者通常在尋找少數或弱勢的企業家，他們的條件一直很公平。

　　在某一階段，你需要決定你是否要將你的事業組成公司。做爲一位獨資經營者，你和你的公司被視爲一體。假如你想你的事業會成功，你應該將你的事業組成公司。在1980年，我們12月的銷售極好，我們決定將我們的事業組成公司，我們僅花三百美金給當地律師去向路易斯安那州登記。

　　尋找對的及獨特的產品或服務來開創你自己的事業，這要花費許多努力及時間。祝好運！

1.7 試著不要過度浪費

　　假如你認爲自己是富裕的，有足夠的錢可供花費或浪費，你就跳過這章節吧。

　　2020年7月21日星期二晚上，我丈夫及我躺在床上。我正在閱讀一篇文章，討論孩子如何傳承理財的習性。突然間我丈夫問我：「我是一位富人嗎？」我發狂似地笑，這使他

感覺不舒服，我向他說明一位富丈夫的定義；他的金錢應要超過太太要花的錢。比如，我兩個女兒各請一位網球教練，參加網球俱樂部，沒用完我兩位女婿的錢就買至少七件名牌網球衣。我丈夫及我在家裡是最窮的。

我愛花錢，我認為是承繼我已過逝父親的理財習慣。我的祖父是我家鄉第一位西醫。我父親是他的大兒子。他寵愛我早年時的父親，因為我父親是他最喜歡的兒子。我已故的父親雖是一位外科醫生，他一直會花所賺來的錢在奢侈品上，同時他愛吃最昂貴的餐廳的菜。甚至得要我母親奉勸他節儉以備不時之需。他告訴我母親，他會繼承他父親七分之一的財產。但當我父親在我祖父之前去世，我祖父沒有履行他的諾言，僅留給我母親少數的錢。我母親後來去當小學老師。她很節儉，我的哥哥承繼她的個性。

我初來美國時，因很容易申請到信用卡，我的開支失控。有一度我至少擁有5張信用卡，我拿信用卡寫支票付我大女兒婚禮的費用，也開一張信用卡支票給我男孩買我們家第一支的股票。我知道我已超支預算，然而我認為他們是好孩子，不會花錢買毒品。我告訴自己，我有好理由借錢給他們花用。漸漸地，我用每個月薪水在三年內還清債務。

使用信用卡買東西比使用現金方便，但這是造成許多人超支的一個背後因素。假如你每月沒有穩定的收入，你僅能把它當緊急使用。你應以現金買東西；看你手上有多少錢及你購貨後還剩下多少。透過現金付款的唯一方法，迫使你衡量需要買的東西。當你下次收到信用卡帳單，你會高興，因

你不再欠信用卡任何錢。

當我在禮品店工作時，有一天一位婦女在5點30分快要關店時才進來，她匆忙選了一些高貴的銅器，交給我兩佰元鈔票，告訴我那是她憤怒的錢。她向我解釋，她昨晚與她的丈夫吵架；她仍然非常暴氣，所以她設法買一些零售的東西來療癒心情，以使感覺較好。她決定花兩佰元讓她冷靜下來。我認為這是一個很好的釋放壓力的方法，因此我拿這兩百元到百貨公司，買了我以前一直不想花那麼多錢買的高貴的衣服。

某位丈夫抱怨她夫人每周末如何逛街購物直到累了為止。她的信用卡帳單是驚人的！這位丈夫甚至要擔任兩份工作，一份是在清晨送報紙，另一份為他的正規工作。他的收入跟不上她消費的行為。最後，她將他趕出家門並與他離婚。

很多時候，若我們心身不安、壓力大或焦慮時，可以逛百貨公司，或找喜愛的購物網站。全國各地有各色各樣的銷售及折扣商品、零售商，渴望大家購買直到累倒為止。當情緒造成我們衝動購物時，我們須尋求方法避免。去公園散步、到體育館做一些運動，這將有益提昇我們心態以代替花錢。

不要怕讓你的朋友知道，你將設法少花錢或甚至有些人跟進。我喜歡在周六邀請我的一位朋友外出到Ryan Family餐廳吃午餐。最後，我認為漢堡王(Burger King)的價位較便宜，我喜歡洋蔥圈，因此我決定邀請朋友至漢堡王。她打電

話給她的女兒，談及我如何變成一個小氣鬼，但我不在意，因為我仍然非常喜歡與她見面。

我二女兒六歲時曾告訴我：「媽咪，你就是把我帶進這個世界的唯一的人，但我不想來，你應該給我所要的一切。」我同意她坦言的理由，且相信給孩子舒適的生活是我的義務，要充分地完成。讓他們成長在金錢無缺的家庭成為我生活的定律。只要他們向我要旅費，他們能到世界任何地方旅行。買他們選擇要穿的任何昂貴的衣服或鞋子，現在我二女兒已成為一位波士頓的時尚達人。最近我與丈夫交談，我告訴他，我感謝他知道他的許多錢是如何很快花費掉，在從前生活較拮据時，我帶孩子們到當地最昂貴的童裝店買衣服，他從未抱怨此事。現在，孩子們有很輝煌的事業，他們穿著很時髦，且有獨特的風格。當然他們好的教育也是一種加分。我承諾要克制只為滿足孩子需求的購物狂熱。我必須犧牲一些舒適生活的享受，我很少旅行，甚至不回台灣，削減開支。

我的丈夫人很好，於孩子們屆18歲之齡時，在他其中的一張信用卡附加上他們的名字，所以當他們與朋友出去遊逛時有錢可花。

當我孩子就讀喬治城大學時，我甚至給他一張我的信用卡，因此他有兩張信用卡在身上。他有足夠的能力像他的朋友一樣地吃飯、購物及旅行，因為大部分他的喬治城大學同學都出自富裕家庭。我不要我的孩子看起來像貧困的南方人，我很關切我孩子的感覺。我問他，在他們同學的眼中，

他是否會感覺他是一個窮孩子。他告訴我他不會感覺自己是窮人，我有所釋懷。縱使我需要更努力工作支付我的信用卡費，用於他在華府最高級餐廳中的另一頓晚餐。

我後悔沒選擇有錢男友做丈夫而嫁給一位大學教授。在11年內，我們有4個小孩。我需要分配錢到小的類別，看錢的去處。當我了解我們沒有足夠的錢付租金、水電費、汽車付款及其他孩子們所需費用時，除了大學兩份薪水外，我需要有其他收入來源，所以，我們先投資拖板車的停車場，後續買零售禮品店。我們幸運有比我們富有的親戚。多年來，我們在財務有問題時，我們請求親戚貸給我們錢。比如，當時我們要從香港進口羽毛面具，我向我哥哥借美金3,000元。他感到驚奇，我怎麼沒有3,000美金，這款項，他在一天內就從他的兩間旅館籌到。

我家大部分的人時而有迫切需求去買新衣服，或為慶祝特別活動而到當地最好的餐廳吃飯。生命是很短暫的；我常鼓勵我的孩子要快樂，享受生活。當你過度花費時，不再為難自己；沒有人能在一夜間完全改掉壞習慣。你要控制預算超支，你需追蹤較大項目的消費，也要注意那些每天的小採購。天天寫下每一批小購物，你就能看到一天花費多少錢。你花費多少錢在早上的拿鐵咖啡，那些外出的午餐、樂透彩券或雜貨店收銀機的雜誌？你加上這些開銷，就可了解那些費用是控制你預算的最好方法。假如你能一天削減美金五元，這等於一杯星巴克摩卡咖啡的價格，一個月就可累積美金一百五十元以上！我大女兒及她女兒對星巴克咖啡已上

癮。很幸運地，她們有能力享受它，所以我鼓勵女士們志氣要高，但要與錢交結。

設法不超支，需要時間與意志，但不要買便宜的東西；雖然你窮，仍不要買便宜貨。選擇你喜歡的名牌商品，買下它，甚至你知道你會超支。設定努力工作的目標全力以赴，你的理財意識會很快提昇。你知道倘若你一直在消費，沒未雨綢繆作準備，你不能僅依賴儲蓄在需要時魔法般地幫忙。在陷入財務缺口太深之前，你需要再做項目分類，決定什麼是需要的。

1.8 學習理財技巧

每人都需金錢來付帳單。金錢與財務有特定的巧門。很不幸地，他們之間的巧門，許多人沒學到。為了更安心及開始建立一個舒適的生活，你需要精通一些基本的金錢技巧，這些要在你二十多歲時奠定基礎，才能幫忙你一生飛黃騰達。

一個最重要的金錢技巧要學習，就是你如何節省。然而，加強你的淨值及財務計劃遠比節省金錢重要，它是財政的重要支柱之一。生活量入為出，最好不入不敷出。沒錢不要消費。若你不能以現金買東西，就不要買它。購物要規劃。克制買你所需或不買你所要的東西。寫下你的預算表能幫你了解你生活費用是否大於收入。預算會幫你止住超出你生活費用及控住你的消費。避免買你不需要的東西。假如你

難於控制你買東西的衝動，就離開會誘惑你花錢的地方，不要被訂貨有退款保證及免費送貨處理所愚弄。你買的東西往往沒退還的可能；它們仍放在你家裏沒使用到，卻佔據了寶貴的空間。我相信網路上每天有許多優惠的日常生活用品。

「首先付錢給你自己」，方法首重儲蓄，但不是在必要費用的消費上，如住房、日常用品及保險。也就是將錢先放入你的儲蓄、應急款或擬投資款之後再付您的帳單。你能設立自動轉帳，在每一個發薪期，你不必憂慮或記得以手動轉帳付帳單。從你薪水提出「先付錢給你自己」的好處是，你建立儲備金來保障你的未來及為緊急財務提供緩衝，諸如車子壞掉或不可預知的醫藥費用。沒有儲蓄，許多人會感受很大的壓力。然而，許多人進一步說因沒有賺足夠的錢做儲蓄之用，害怕若他們開始儲蓄，可能會沒有足夠的錢付帳單。

大多數人是等到有剩餘的錢才存下；那就是「最後付錢給自己」。開始以小金額先付錢給自己，慢慢地進行你的方法提高百分比。這一點很重要，你開始列預算，預先計算你的儲蓄率（淨儲蓄÷總收入＝你個人的儲蓄率），在這情況下，你會知道你有多少能力可「首先付錢給你自己」。存錢為大採購，你才能以現金付款代替分期付款（它也計息在內）。倘使你要延期付款，信用卡公司將處以沉重的罰款，我丈夫以存款證明CD (Certificate of Deposit)存儲；他在預定時間存錢，賺取存款利息。利息通常是複利的，會加入本金中。當他決定買車子，他僅提出CD，就可全額付款買下。

個人理財方法，一般集中在存錢，債務管理、投資、節

儉生活、列預算及減少開支，常常忽略賺更多錢的重要！你不需爲追逐美金而筋疲力盡，但懂得增加收入來源是珍貴理財的巧門。畢竟你僅能減少消費，而省下你現在賺的錢。

　　什麼最好的理財技巧能幫你增加收入呢？第一件事你要做的是要求加薪，當一位雇員待在同一家公司，一般每年僅能期待3%的調薪，換工作通常會給你增加10%或20%的薪水。

　　若你確實將你的時間與精力致力改善研究工作及證明你的價值，你待在同家公司，結果能獲10%或更佳的加薪。新的調薪比將會提升你的儲蓄率，更快地償還負債或進行投資。在你的生涯中，早點學習要求增薪的基本方法來做準備，以待時機來臨。學習如何談判（溝通）你所要的薪水對你的收入有很大影響。練習談判的藝術及學習最好方法去達成目標。

　　當你喜歡繼續工作，也想獲加薪，什麼是最可能的設想呢？提出你有來自其他機構的薪資要價，可能會受到現在雇主的還價；要小心提出你新工作的願景。在你接獲有較高報價方案的出價時，告訴你的雇主，你眞高興你的職務，喜歡你做的工作，如你願在工作崗位上，你要提出是否有任何事情可做，顯然，不是每個人都能立即決定，但你應考慮這選擇。假如你的雇主不給你加薪，因爲擴大他的利潤是他的權利與義務。但做爲個人，你是你自己的老闆，你有責任使你的利潤最大化。

　　人們會憂慮「常常換工作」對被雇者的履歷會有負面的

反應。我能確切了解這種恐懼，因爲每個人總是怕在職場上被列爲不受歡迎人物。我第一個承認，可能有些雇主會對你履歷表上的許多職業轉換有負面印象，甚至基於這觀點，把應徵者列爲不合格者。當你頻繁換工作，人們會稱之爲「跳船」。另一種原因是，某些人工作很有企圖心而常換工作。跳船是一種冒險，你需要衡量自己的能力。若你一直認爲你的技能值得更多的報價，你能做的最好的事，就是尋求其他的工作，看是否有更好的東西出現。在2014年，員工因離職而取得的平均加薪在10%到20%之間。顯然地，也有極特殊的事件，人們領到50%，但這得視個人的狀況及產業而定。這個世界是迫切需要有技術的勞工，地球上各地公司正缺少有才藝的人物。公司能招徠技術取代人工，但是這僅能惡化地球上人類資本及技術工人的缺乏。做爲員工，這意味著你比以前的位置重要，是利用你的能力表現來尋求加薪的。

　　常常換工作的缺點是雇主用你之前會猶豫不決。訓練員工是時間與金錢的投資，若他認爲你工作1或2年就要離開，雇主可能不會聘用你，雇主也會憂慮你的判斷力及人品。不論公平與否，常換工作的人往往會給人反覆無常或輕浮的名聲。加上如你獲聘用，待公司裁員時，你可能就是第一位被要求離開的員工，因爲你沒累積豐富資歷。沈先生是一位電腦設計工程師，一直有高薪的工作。他來自台灣，他使用台灣的關係，帶小電腦公司老闆到台灣當地生產電腦。許多公司因此用了他。他換了5個工作後，沒公司要付給他要求的

薪水；他不再有任何工作，僅依賴他台灣的家人送錢給他過餘生。

你換工作時，以為是有好的收穫，但另一邊的草不一定會比較綠。事實上，你可能由平底鍋跳入爐火中，誰說你進入新公司的升遷會比舊的公司快呢？面試時有點像約會——雙方重點放在正面的談話，盡量減少負面的言語。在不同的機構中，每一個工作都有挑戰。假如你有明確的目標與次序，這較容易作正確的決定。若你有夢想要改變，現在就從小步驟開始提供數據，看你的方向是否符合你的期待。

轉換工作也可以給你一個機會，向上擢升自己的工作，掙得較高的報酬。假如你現有的工作難以晉升，換公司可能是你升職的最好機會。同樣地，有時你加薪的最好機會是當你與有潛能的新雇主談起薪之時。你在一個地方工作幾年後，較難談判較高薪水。即使你覺得你現在的工作低於你的回報，它會影響你的士氣及高昂的工作效能。轉換新工作可能是你邁向生涯新舞台的最好的方法。我已做過幾份工作，似乎每10年我換工作，最後，我自雇開了一家零售的禮品店，也做批發生意。我愛我做的一切。

1.9 自我競爭

在我的生涯裡，我從沒有想與他人競爭，但所有我的朋友及我的表（堂）兄弟姊妹們會感受被我懾服的心理，因某種程度來說，我比他們好。在各類型的比賽，除了運動之

外，我一直擊敗他們。我成為一個有信心的人，在台南讀小學及中學時，自己專心努力是自負的小伙子，當我尚在台北的國立台灣大學時，我認知我的同學們是上等的，甚至比我優秀，因為他們也是從菁英的學校畢業。記住，你若更注意你進步的程度做為成功衡量，你更能充實地過幾年生活。我認為生活不是一種競爭，若是的話，那就是和自己競爭。我們靠著超越自己的標準來創造自己的成功，不是靠擊敗別人。

假使你覺得自己會跟朋友、同事、鄰居或夥伴相比，你應要即刻停止。不要羨慕你鄰居的房子、車，或不是屬於你的任何東西。為什麼你必須要與他們並駕齊驅呢？有時你認為已追上，但他們去買一些新的東西，又造成你開始全新一輪的花費。

在1970年代，大多數我的鄰居擁有船、摩托車及一堆其它玩具。我丈夫及我僅有一輛車，因為我們在同一個地方工作，同時我不知道如何開車。我們羨慕鄰居的富有，但我們沒有慾望追及他們。我不喜歡做任何家務，所以我們聘用男、女僕人各一位。我們的男僕人自他14歲開始替我們工作至今；他已60歲了，我們慶幸有他負責任地保養及維護我們的房子。

拿你自己跟別人比是最容易失焦及分散你的目標。做為人類，你能為自己做最好的事及把整個世界集中在你個人的目標。自我競爭即在你自己內心以競爭做接受挑戰的基礎。當一個人達到選定的目標及準備，它可能是一個很重要的動

機。我年輕時，撫養孩子是我的目標。有4個孩子要全職工作不容易，所以雇了一個女僕。在我們小鎮，雇一位女傭人並不貴；在1970年，我們每週僅付美金45元。夏天期間，我們雇兩位中學女生幫忙女僕，小孩大部分時間在家。

有一天晚上，我們邀請我們大學的校長來參加家庭宴會。他看到我的孩子們環繞房子的四週跑。他告訴我，當他當大學教授時，他常熬夜研究，而成為一位知名的教授，他沒有花費時間在他孩子們身上。他的孩子們都長大，他們有自己的生涯，全然不會費心浪費時間在他身上。那天晚上讓我大開眼界。我知道了與孩子們在一起多麼重要。

我有4個孩子後，增加我們的收入成了我第二個目標。1979年我丈夫與我開了在鎮上唯一的一家銅製品零售店。為了獲取客戶來買我們的產品，我們一直選好品質的銅製品，以低價售給他們以裨益客戶。零售店經營9年時間。很慶幸地，我們在1980年經營了批發生意；我們仍有生意收入來提供孩子的教育費用。為了供應各類各樣的產品，我開始設計T恤，帽子，珠寶，羽毛面具及圍巾，替紐奧爾良的零售商開發。我甚至替德州的客戶設計德州的紀念品。各尺寸的銅製馬鞍在肯德基及紐約的沙拉托加泉出售。我丈夫及我喜愛我們的手杖，它受到觀光客的歡迎，他們從紐奧爾良買後帶回家。

我是一個個性保守的人。我在訂商品時常使用試錯法(trial-and-error)。當我開始進口羽毛面具時，我訂產品價值約美金3,500元。我參加禮品展覽時，我僅賺250元；我們須

付欠銀行的錢，所以我向哥哥借錢。我嫂子震驚，我們貧到連3,000美金都沒有。那時我哥哥飯店的收入每天有1,500美金。我丈夫知道一位韓國人在法國市場賣羽毛面具；我丈夫要他買我們的羽毛面具。他也自己進口，但品質較差，以致他進口成本較低。這事情是這樣發生的，他因從他的佛羅里達客戶接到一批大訂單，但他的貨並沒有進來，所以他要求我丈夫以進口的成本賣給他貨。為還我哥哥的錢，我丈夫同意以低於我們成本價售出我們的羽毛面具。當我看到我丈夫把我們買的大部分貨搬上貨車時，我幾乎要哭出來；我丈夫安慰我，他也不喜歡這樣做，但別無選擇。

我針對羽毛面具的出售找尋一個答案；這件事迫使我做選擇及設計實驗，諸如設計一種面具及察視其結果。利用試驗找出錯誤改正，被視為一種創造性的方法。藉著試驗與改錯來修正工作方法，讓我能使用大腦的兩個半球找到答案。當我設計一款面具時，我約訂24個，即使我客戶喜歡那種特殊的設計，我再訂更多個。那特別羽毛面具，倉庫出貨得快，它不會困住我的存貨。漸漸地，我們的羽毛面具在所有紐奧爾良紀念禮品店變成最暢銷項目。

2000年，一些批發商進口劣品的羽毛圍巾，所以我的客戶催促我們進口好品質的貨。我喜歡選擇美麗顏色的圍巾；很快地我們的貨也支配了市場。有一次我們的生意興旺到一張訂單達到7,500美金。1999年，我買了一間離紐奧爾良25英里的倉庫，每逢我們從離紐奧爾良450英里的小鎮送貨時，就不需住在飯店了。然而生意正勃興時，我的健康因工

作努力及壓力而下跌。我全身開始感到疼痛。我發誓只要我能找到解除痛苦的東西，我要介紹它給每一個人。果然，我發現用赤鐵礦石來按摩身體得到舒解，所以，我開始送人，並因此故，設立一個非營利的基金會。

自我競爭理論完全適合我。它主要的假定是人們發展慾望來改進自己，而不是以前的自己。當我挑戰自己，它若實踐了，沒有理由誇耀它。而當我獲得成功，我不必對既得榮譽感到心滿意足。我對追求自己的發展感到滿意時，我再開始以新的方法挑戰自己。藉著寫三本中文書、一本英文書及這本書來實踐我的理想。我覺得自我競爭是很有收穫的，同時我也倡導這理論給我四個孩子。我一直告訴他們：「你們在生命中任何階段絕非是世界最好的人。當然你會有暫時的勝利，最後有人會擊敗你。當他們成功，你也可能完成奉獻每件事情後，再證明你是最好的，或認為你自己是失敗的而陷入沮喪。無論如何，你都不快樂。但一旦你自己越來越快活，你會越感覺到不需與他人競爭。不要有侵略性，但要謙虛。」

我的「自我競爭」，目標之一是「謙遜的(be temodest)、健康的(be healthy)與令人佩服的(be admirable)」，但我自己陷於困擾。大部分台灣人喜歡我，因了解我是怎樣的人，女人嫉妒我，因我有男人緣。我花點時間注意我能改進的地方，如使用較多動作在我的形象上，尋求真正的情緒。在我的工作中有一個特定的目標去進行，這意味我們確實有一些衡量的東西，且能看到我們進步的結果。

沒有比「報酬在等我」的知識較好的方法來激勵自己。因此每次我達成目標，我慶祝它。一件新衣就能夠提振我的心情，使我滿足。記住，一個好報酬的制度能創造奇蹟！每次我完成一個主要的個人目標，我去買一件新衣服（比巧克力好）！慶祝我比他人做得更好。你有達成你為自己設定的目標嗎？你有看到你工作中的改進嗎？你有走出你的舒適區及做一些困難的事嗎？繼續去慶祝你的成就！假使我們認為這一小步的勝利，就讓「與我們自己競爭」值得獲得有趣的款待與報酬。找一個適合你個人的良好獎賞制度，履行它，成為你目標的定律。

1.10 給孩子良好的教育

我小時候常生病，所以我母親不允許我參與任何運動或多餘的活動，她害怕運動使我病情更加嚴重，我若疲憊，會消耗精力，無法讀書。結果我學業很好，除運動之外，大多是全班第一名。我錯失所有有趣的活動，看似一位書呆子，有一些朋友叫我活字典。

閱讀在許多方面幫助我，在語言藝術上也得到好成績。狂熱閱讀幫我成為一位較好的拼字者及作家。事實上，我讀了越多書，在所有學科上都做得越好。在第九年級時，我的歷史老師告訴我，他要給我們一個有關古代埃及歷史的測驗。他說這些問題會很難，沒同學會答，我決定到圖書館去閱讀所有關於古埃及的書。100分我拿99分。我的歷史老師

搖他的頭，告訴全班同學，有一位同學他打不敗。我很興奮地聽到這消息，但我從來沒有告訴我的朋友那是我，之後老師給我三個測驗，我總分是299分。

我成為母親之後，總希望我的孩子們快樂有自信。我非常看重孩子們的課外活動。我讓他們在大學教授的調教下，上手提琴課，以確保他們拉琴有正確的姿態。我讓他們學跳舞，圖畫，甚至做陶瓷作品。我丈夫抱怨我逼他們太緊，給他們許多課外的活動。他害怕那會干擾他們學業的表現，我承諾他們會注意學校的功課，我的大女兒及二女兒在她們的班級成績皆獲As。當然，她們若需停掉活動一陣子，我令讓她們這麼做；或當我注意到她們不熱心於某些活動時，我不會在下一季替她們報名。在夏天時間，我讓她們參加從8點至中午的夏令營；她們每天能參加游泳一小時。下午她們能選擇任何運動，這些引致較好的健康及有益身體。

我發現假使我的孩子們參加一種以上的活動，她們也能體會不止一個教練或老師的經驗，她們有不同的規則與期望。她們有機會碰到不同個性與興趣的孩子。這些互動會教導孩子如何適應各式各樣的人們與情況。她們會學到社交的技巧，從主持活動或運動人員的身上或透過與同儕的互動上。藉由一起玩運動，或上小組課，諸如戲劇音樂劇及交響音樂劇，她們也會有機會學到團隊的精神。她們會學到時間的管理，組織的技巧及改進自己的信心。她們也學會以較好的方法表達自己。課外活動與學業同樣重要。當我的孩子學業與課外活動並重時，她們變得圓融。她們追求較高階的成

就與教育。當他們在年紀還小時，我送他們到私立學校，他們能適應得很好。

我丈夫1962年從台灣來到美國，在俄克拉荷馬大學攻讀政治學碩士學位。有三個夏天，他搭灰狗(Greyhound)巴士到波士頓，在麻薩諸塞州總醫院當廚房搬運工、洗碗及剝蛋皮。同時他上哈佛大學的夏季學校。他很喜歡波士頓，決定有一天將送他的孩子們到波士頓去讀書。

當我大女兒到達上中學的年齡時，我們送她到菲力普埃克塞特學院(Phillips Exeter Academy)去讀書。她當年以第一名從我們小鎮的實驗中學畢業，她很幸運能進埃克塞特。哈克尼斯(Harkness)在埃克塞特學習時（12位學生及一位老師環繞橢圓形桌而坐，討論手上的題目），迫使她要口齒清晰，學習如何傾聽，在如此各式各樣的學習人員中，打開心靈，面對不同的思維方式。

在埃克塞特讀書時，她優秀，做大事，學習智識創造力及獨立。她變成一位較樂觀的有自信的女兒，也學會把別人置於自己之前。她懂得同情心是生活的一種方式。

從埃克塞特畢業後，她很積極地做募款工作，也當終身非營利基金會的人員。十七歲時，她在紐約叔叔的甜甜圈店工作，開著貨車送貨給甜甜圈小店。她告訴我，老太太們看到她開貨車，不相信這件事是如此年輕女孩所能做的。

我的二女兒上喬特羅斯瑪琍廳(Choate Rosemary Hall)的學校，讀四年。它是一間私立的、男女合校、預備入大學的寄宿學校，位於美國康乃狄克州的沃靈福特(Wallingford)。它

成立於1890年，開始男女合校是在1971年合併喬特男校及羅斯瑪琍廳女校而成。這個學校對她人格養成扮演重要的角色。在喬特，她表露一些特色，使她在波士頓成為一位有魅力與重要的人物：她有幽默感，用字的方法成為童書的作者，對服裝及珠寶有興趣，連結到其他的事，Ben Mezrich 摯愛的太太，她協助她先生的作品到紐約時報成為最暢銷書的作者，兩個孩子的慈母，她們玩網球及高爾夫球。對我來說，她是個可敬的女兒，一位相扶助的姊妹，一位忠實的朋友，一位熱情於非營利的募款者。她不僅在紅毯電視節目或臉書有性感的形象且好廚藝，每天為她的家庭享受烹飪和烘焙。她喜歡與她女兒裝飾美麗的蛋糕，也與兩位孩子種菜，整理花園工作。同時，她作電視影片及電影進行她的目標。她在生活中追求許多事情，而使她在波士頓成了知名人物。2020年10月15日（週四），她先生賓(Ben)及她是募款給一個讀者基金會的獲獎者。

我兩個女兒成為母親後，她們感謝我把她們安排許多課外活動，學習藝術、運動及更多的東西，這些在個人生活上幫忙很大。我丈夫及我讓她們上好的學校，所以她們知道如何扶養她們的孩子及不需費力去與他人連結。

我唯一的男孩子，奧利佛，不是一位認真的學生，在小學及實驗中學的時候，他很擅長電腦。在三年級時，他藉著閱讀電腦說明手冊，就會操作初級的個人電腦；在6年級時，老師要他解決電腦問題，但他沒把心放在研究及閱讀上。我憂慮倘若他繼續待在當地學校至9年級，他可能不被

任何私立學校所接受。我決定我們須在7年級時送他到私校讀書。他被伊格爾布魯克(Eaglebrook School)所接受。這所學校是一間初級寄宿的日校，專收6、7、8及9年級男生，位於麻塞諸塞州的迪爾菲爾德（創立於1922年）。伊格爾布魯克的願景是幫每位學生在重要的中學階段發展獨特的才能，學校的任務是認識發展中的男孩，鼓勵他們建立自信到成功。伊格爾布魯克提供豐富及多樣課程，適應男中學生的學習方式。伊格爾布魯克的學生數大約260位，男孩分6、7、8及9年級。學校擁有自己的高山滑雪場；室內25碼，6道的游泳池及最先進的室內曲棍溜冰場，惠普爾(Whipple)池塘位在校園中心，豢養鱒魚及鱸魚，在春秋兩季可垂釣。冬季，池塘充當造雪的水源。大通(Chase)學習中心在校園的心臟地帶，涵蓋教室及多功能的集會場地，被稱為「the Pit（坑）」，有其他三個教室建築，供科學、語言及藝術科使用，包括數位照相、木工、彩色玻璃、石雕，黑白照相，還有更多的課程。

在這麼優越的環境下，他的學業成績在老師鼓勵下突飛猛進。他的作文幫他寫出很好的履歷表，常獲得大公司面晤，諸如Citigroup、J. P. Morgan、UBS及其他公司。他也學會滑雪、高爾夫、照相及木工的技巧。當同學們收到富有的父母送來一台電腦時，他有能力幫他們組成新電腦。在他九年級時，他被票選為最可能成功的學生。他現在具有的成就，自認是得自於伊格爾布魯克的教育，尤其對股票市場，由現任校長Andrew C. Chase先生所教的課程貢獻他的成功，

他感到非常榮耀，因他仍是班上最成功的人，這適合他！

　　我最小的女兒在家裏是最悠閒的孩子。她設法趕上哥哥，在三歲時自己學習如何游泳，似乎不需我的關懷，都靠她自己成長。她網球打得很好，當她就讀諾斯菲爾德赫門學校(Northfield Mount Hermon School)時，就成為校隊隊長。現在她是波士頓的一位牙科醫師，當我們居留在波士頓的時候，她同時照顧我丈夫與我。

　　我很高興我丈夫對待我三個女孩如同男孩子一樣平等。他給他們機會上私立學校，送他們進入好的大學。現在大學學位是越多工作的必要條件，倘若我孩子們不確定他們學校畢業後要做什麼，我會要求他們上大學，甚至修碩士學位（我大女兒取得波士頓大學碩士學位，我兒子取得賓州大學沃頓學院碩士學位）或牙科學校（我二女兒及小女兒都就讀Tufts University牙科學院），更高的教育雖縮小他們的興趣，但精煉他們的技術，指出他們確切要精通的東西及他們要進入什麼領域。

　　我的丈夫及我相信，把孩子送入大學及專業大學讀書，是讓他們企劃成功及幸福生活的最好方法。事實上有許多證明顯示大學教育對我孩子有很大的益處。我丈夫常開玩笑說我們很努力在為大學工作，因為我們大部分的錢也花費在孩子的大學費用上。我孩子們是透過財務協助支付他們讀大學，財務協助即贈品協助，有兩個主要方式：補助金及獎學金，這錢是大學給我孩子們的，它能減少我們支付的學費。

　　事實上，即使我設法付昂貴的大學學費，也要求我孩子

們自己付部分的學費。獲獎學金迫使他們成績進步，然而有業餘或暑期工作會幫助教他們有責任感。這意味著他們離開大學去面對現實社會，是比他們的同學得要靠花父母的錢，又浪費4年時間在玩樂上較有部署感。

1.11我的終極目標

當我因年老因素被傳統骨科拒絕療治，我需要轉向尋求另類的醫藥處理。我發誓假若我能找到一些有助於我關節炎的東西，我願分享它給患有這痛苦的任何人。我幸運地找到赤鐵礦石，它能應用到我身體上。它確實讓我神奇地擺脫劇痛及回復我的健康。我出售10個股份的谷歌股票，每股495美金，買了赤鐵礦石分送給他人。在2020年10月27日，谷歌股票每股到了1,598美金。我安慰自己，藉著設想它是我的命運——我生命中不能成為富裕的女人，但幫忙人們解除痛苦比財富更為重要。

我決定設立一個非營利的基金會，幫我買更多的赤鐵礦石。我請註冊會計師(CPA)來幫忙我。他介紹一位律師給我。這位律師寫信給我說，他不是那領域的專家，但他會幫我申請。它需要花10小時的時間，每小時的費用是225美金。我非常沮喪，因我寧願用那些錢買更多的赤鐵礦石。我決定作研究，最後我自己申請。我問我丈夫對名稱的意見，他建議我用「George H. Kerr Memorial Foundation及Acu-Hematite Foundation」來紀念《被出賣的台灣 (Formosa

Betrayed)》作者。我丈夫把那本書翻譯成中文。當我在2015年一月初去拜訪我的註冊會計師時，告訴他律師要跟我索價2,250美金，他不相信這件事，我同時告訴他，我自己申請了它。他認為這件事我至少需要6個星期才能知道我的申請是否可被接受。出乎我的意外，我在2015年1月23日接獲美國國稅局(IRS)通過的來信。當我出示這封批准函給我的註冊會計師，他很驚訝，立即捐了20美金。我非常興奮，我創立了一個基金會可幫忙別人。

我不喜歡開車，所以我丈夫載我參加台灣人的活動，來推廣我的《穴位赤鐵礦自療法》這本書及赤鐵礦石。一些台灣人會捐100或200美金，但大部分時間，扣除旅行費用，我沒有賺任何錢。幸運的是我的孩子們及陳榮良醫師、孫獻祥先生夫婦每年捐款。我太害羞，不敢到醫院或護理之家教老人們如何按摩及維護他們的健康。我想，我應鼓勵在醫院當志工的女粉絲們來學習技巧，她們可以教方法給她們的病人。

假如我獲橫財，比如慈善家捐款到我非營利基金會，我中了一張威力球大獎或這本書暢銷，它將讓我在生活中有永恆及積極的改變。既然我沒有負債或任何即將到來的事會造成負債（像購買車子），我將考慮使用那些錢，直接存下來購買更多赤鐵礦石送給人家。對我來說，更好是使用那筆錢籌設一家病理中心，保持生活如常。在我開始使用那筆錢時，我會讓所有的衝動從我的系統結束。

假如我有許多意外收穫的金錢在我口袋裡，我第一順序

要做的事應是思考在未來什麼是我真正最需要的。不同人們所追求的事有很大差異。我未來的願景，我自己真切要的，實質上將不同於自己真正所要的。我的想法是贈送二個赤鐵礦石，用絨布袋裝，給需要它的人們。因有足夠的錢投資股票市場，我丈夫及我能維持我們現在的生活方式，不需抽掉那項投資。藉著退休，我真正體會我用我的時間進行要做的事，這並沒有收入，但可做為激勵的因素。我盼望，我能從我做的事賺錢，但如果不是，那不就成了破滅者？另一個很好的念頭，設想在每個城市有一間小店，人們能購物、運動、買東西吃及休閒，在一個地方全部能到位。我甚至有個名稱叫它「金葉大道」。它將有一個標誌像麥當勞一樣，遍佈全世界來推廣富裕、快樂與健康。每一個人在他們生活中應對這三件事有某種程度的概念。

這商店將包括自助穴位赤鐵礦石按摩課程的空間，及一間提供點心的咖啡廳，也要有男士和女士的服裝室。服裝的顏色要金、綠及紅，這些顏色將使穿戴著得到富裕。我是一位「幸運」信仰者。我將有珠寶、鑰匙圈或有其他有關幸運標誌的一些項目出售，所以顧客可帶一些商品回家。我也會發行一些按摩的工具。所有的淨利所得將捐給柯喬治紀念基金會，它將在世界上設立更多的店。

金葉大道的顧客可能會激動想看到按摩課像什麼，你要看到身體在半透明隱密玻璃牆對面被按摩（這玻璃在課程沒進行時是透明的）。任何過訪的客人參加課程需10美金，備有你自己的瑜珈墊或毛巾。第一次來參加者，他或她將免

費獲得一套以綠絨袋包裝的二個赤鐵礦石，所以當他們來上課時可一起帶來。不需穿舒服的衣服嗎？無論男女，你能穿短褲，或女人帶運動胸罩來上課。課後也有冰沙和小吃等著你，我想這商店都能安排那服務。

金葉大道將有13-15位與商店有關的當地代表，傳播有關穴位赤鐵礦石自助療法。他們能教按摩及健康的課，諸如如何保護你器官及排毒，環波士頓地區，穿著金葉大道的T恤，或他們可能在社區具有領導角色。有了所有新店，金葉大道將加入擴充550億運動休閒的市場，增加收入，設立更多的店。

穴道按摩跟針灸使用同一個點。我應用赤鐵礦石按壓取代針灸。透過接觸的力量，穴道赤鐵礦石自助療法解除病疼、壓力及自我療癒，使人健康而容光煥發。穴位按摩是一種重要的傳統預防保健。在傳統中醫裡，據說疾病最早起因於緊張或壓力。在任何特殊病狀之前，身體的某些地方將會有緊張及毒性。金葉大道的課程將教使用者如何排除各器官的毒，藉著按摩5個穴點及在準確的時間作運動。

在我們身體不平衡尚在不嚴重或初期階段時來運作，對我們是有利的。就是在緊張與病毒開始破壞內部器官之前，進行穴道赤鐵礦石自助療法，使我們能在這些緊張發展成疾病之前就早期消除它們。

關於穴位赤鐵礦石自助療法，我的這本書可能是你預防保健的導師。它包含穴道按摩、深呼吸、深度放鬆、健康飲食，這些創造出身體、情緒、心理及精神上的平衡與和諧。

良好的健康起於當氣流入經絡，滋潤內部器官及身體所有的系統時，這能量的流動也平衡情緒與心寧，提振我們的精神。這個能量是所有生命的泉源，它的流動是我們健康及福祉的關鍵。

　　藉著練習穴位赤鐵礦自助按摩，你能對你自己的健康負責，改善你各層面的身體狀況。當我們有適當的能量循環，我們感覺有活力、健康、快樂，給予自己平安和諧。倘若每一個人都健康，它將減少許多健保公司或醫療保險及醫療補助的費用。

　　讓我的未來夢想成眞，祝每一個人享受生活──在世界上有富裕、快樂與健康。

要快樂

> 我們福或禍的較大機遇在於個性而非環境。
>
> ——First Lady Martha Washington

> 享受你的生活最重要的事——要快樂，它是所有事最重要的。
>
> ——Audrey Hepburn

Meher Baba (1894-1969)，父母來自波斯（伊朗），生於印度浦那。他是宗教作家、領袖及宗教師。他於1925年說了最後一句話，接著默默過了下半生的44年。他的那句名言就是「不要煩惱，要快樂」。

幾乎我們所有人真正需要的，比世界上任何其他事情更重要，是擁有快樂的生活。享受快樂的生活是一個簡單的共同目標，但有一個更雄心壯志的目標，是渴望實現更容易的目標（渴望較容易，實現較難）。

我們大部分的人認為，倘使某人有改變，我們會快樂。

例如，你在內心裡認爲，假使你丈夫或你的男朋友不看那麼多運動節目，你就會快樂。但當他們眞的停下來了，你會高興嗎？或許你會再找出其他事情，依然不感絲毫快樂。誠然，快樂是個性，不是你能從外面取得的東西。大部分時間，快樂的人們一直維持快樂，然而不快樂的人們較常憂愁、不安或生氣。如果你決定不受不樂之擾，你需要轉變你的生活。沒有任何人，除你之外，可主宰你的幸福。當你感到悲傷，想一想這個字「快樂」，若你被悲傷所苦，內心不平衡，那就失去它的意義了。你要握住你快樂的鑰鎖，每天都是你生活的新日子。

快樂可以在小的步調中找到，它幾乎不可能不在每一經常的日子尋獲。什麼小撇步可使你自己快樂？諸如擁抱你的小孩，在他們上學前，或擁抱你的丈夫，在他去工作前。你的動作會讓他們愉快一整天。當你看到他們的臉充滿愉悅的光采，你會更加快樂，因情緒具有感染力。研究顯示，簡單擁抱觸發釋放「愛的荷爾蒙」──催產素，這能降低情緒及身體64%的痛苦。擁抱，充其量能平靜示出某人的愛，最重要地，能感受愛的回報。假如你沒有任何人的擁抱，你自己買一個可愛、軟質的動物抱抱它，你將會有同樣的感覺。擁抱是你快樂的起點。

你忙碌生活，不一定有時間寫下你生活中所要的或所不要的。設法給你自己時間寫下你心裡的每件東西。你、你親密的朋友或配偶能檢驗你寫下的事情。假如你發掘你得不到你所要的一些東西，諸如豪宅及賓士車，你是使你自己苦痛

的人，你將不能享受你所有的任何一切。

要滿足；享受你擁有的，這是你努力工作追求生活中真正要的東西。不要僅做白日夢去關心你繁華的未來生活──有很多金錢及舒適的日子。在35歲之前，大部分人們有合理清晰的理念，他們要做的是什麼。我一位84歲的堂（表）兄，他仍勉力要完成他一生所要的東西，他的生活一直充滿白日夢。

你憂慮你的未來或你的工作嗎？不要，憂慮不能解決問題；它會讓你緊張及不快樂。時常緊張與不快樂，會在無知覺的反應中緊縮筋肉，它會造成你身心的疲勞。要克服壓力，你必盡最大努力放輕鬆，使心寧及精神上平安，在某種情況下，要等到你確實改變你的生活才有可能──脫離傷腦筋的工作，結束不滿意的關係，或搬離較有壓力的地區。你花越多時間解決問題，你的生活會越快樂，越能協和你自己真正的身分。你發現你的生活不再常常憂慮，你的憂慮就變成過去的事。

2020年8月1日，我開始閱讀我的家族歷史，發現我的外叔公的故事，這外叔公，黃欣(1885-1947)，於1921年被總督府選為評議員。台灣人有9位，僅有2位擅長日文。那時台灣被日本佔領。1923年日本天皇訪問台灣，黃欣是唯一被天皇召見並與他吃飯的人。這位叔公與我內祖父兩人在我台灣台南的家鄉是很有名望的人，也是好朋友。他們設立學校給中國來的孩子們讀書，因那些孩子不能上日本學校。當我看到我的孩子有優越的表現，我認為遺傳是實際重要的因素。我

丈夫那邊所有的親戚，嘗努力投入許多金錢來教育他們的孩子，但我的嫂子或小舅子的祖先是沒受教育的人。他們的孩子表現不如預期，這發現讓我高興。所以你應在你身上發現每一件好事，讓你快樂。

有時我感到非常高興，並沒有任何理由。我認為它可能百分之百是我快樂的基因在運作。許多孩子快樂，因他們幸運有好的父母照顧他們。它需要有百分之百的環境。對快樂來說，我認為沒有舒適的公式。快樂確實看似一個複雜的系統。一些人們在「我的時間」(Me Time)找到喜悅及輕鬆。因此，設法找出3或4種活動，這能幫忙你興奮及精神飽滿，諸如到公園散步，或者去參加網球俱樂部或讀書會，做為你給自己休息、反思及報償的禮物。

我一直喜歡我所做的事，就如Mahartma Gandhi說的：「快樂就是當你所想的、所說的及所要做的保持一致。」你應該做的與你確實做的事差距越小，你的快樂就越多。

有三件主要的事會讓人快樂：密切的關係、喜愛的工作或嗜好，及幫助別人。另一方面，金錢及物質和快樂沒有很大的關係，強調這件事的人比沒強調的人不快樂。致富之後，一些富人視金錢比他們自己更重要。那些人一直僅想著錢：如何儲蓄，怎麼應用它。這所有的與金錢有關，但對他們自己無關。假如你富了，能瞭解與你喜愛的家庭有密切關係以及和他們享受花錢，我斷定你會比一些負不起奢華生活的人更快樂。若你有許多的錢捐贈他人，你會感到高興嗎？

現在，它是你打開快樂之門的選項，快樂的思想產生快

樂的情緒。它超簡單，但卻是真的──想一想你喜愛的事去做，會讓你快樂。僅想像做一些讓你快樂的事，應會使你確實感受更快樂的回報，它也是免費的！

2.1 找對的同伴

> 小心地選擇你一生的伴侶，90%中你所有的福
> 或禍來自這個決定。
>
> ──H. Jackson Brown Jr.著《完整人生的小
> 指引》

當我女兒們約會的時候，她們抱怨為什麼不能找到一個人都符合她們的要求。她們感到沮喪。我告訴她們要有耐心，盡她們最大努力找對伴侶；最終，她們將遇到與她們相當適合的對象。很幸運地，她們做到了。

孫子是中國在戰國時期（約公元前475-221年）吳國的一位將軍。他也是一位軍事戰略家、作家及生於古代中國東周時期的哲學家。孫子在傳統上被認為是戰爭的藝術《兵法》這本書的作者。這本書是一本有影響力的軍事策略作品，影響西方及東亞哲學與軍事思想。現在它是被採用來經營市場策略的書。

當我了解了約會網址的每月使用者，我認為應該寫一些指南給這百萬的人們，他們在沒有準備或標準下進入約會遊戲找合適對象。根據孫子的理論，知己知彼的力量是贏得戰

爭的確切方法。應用孫子的思想在約會上，假使你了解你自己，但不曉得你約會的人，成果將是一半。若你不了解你自己、你的男朋友或女朋友，你確定會失敗。

沒有方法理解你是誰，你需要照鏡子及問你自己下列的問題：我需要變成怎樣的人，才能吸引我理想的伴侶？我需要在外觀、特色及相關風格上做什麼調整，才能為健康的伴侶作準備？拼出愛情成功的關係，我的關係技巧已準備好了嗎？女士們，注意男人的特質；他們喜歡有吸引力的，具幽默感和有智慧／抱負的。

第一個印象非常重要，你需要維持年輕的臉孔，確定沒皺紋，但是最好的策略應是讓男人被你的智能誘惑，而不是你的身體及你的雙D。相信我，內在美比身體的美更重要。

你屬哪種身體類型呢？瘦或高？如果你不喜歡你的體型，你可以改變你的髮式或穿著，不要意志消沉。不要被媒體虛偽的廣告所誘惑，身體的完美才是應俱備且需要的。擁抱你的缺陷，確實做你真實的自己，但不要用那做為藉口而放棄你自己。你不需要花大錢。一個小的改變能讓你的面貌及外型有不小的變化。

你自己找一個安靜的地方，沉思一下，直到你平靜下來。你會發現心寧的狀況。你一向快樂嗎？如果不是，是什麼原因？你要許多物質東西嗎？你憂慮你財政的問題嗎？若財政問題造成你的壓力，你如何處理？你會對你過度消費生氣嗎？那麼就改進你的專業技術，增進你的收入或改變你的生活方式成簡單的生活。做為男人需要的女人，不要做為需

靠男人替妳還債的女人。在世上，你真正的腳色是什麼？愛人？孩子？金錢？房子？車子？當你走了，你什麼都沒有，但我們一直耗盡寶貴的生命去追求那些東西，使我們自己陷入壓力的情況或焦慮。任何時候，你感受壓力，「讓它去吧」將是最好的咒語。一天結束後，不管他人怎麼想，只要你快樂就好。假如有些人喜歡你，他或她會認為你所做的每一件事都是對的。倘若有些人不喜歡你，甚至你把工作做得很好，他或她仍認為它是錯的。

你是一位會拖延做事的人，或是一位有雄心的人？假如你是一位拖延者，你常會想明天才開始約會。但時間過得比你知道的快；很快地你二十歲，將進入三十歲，或是你是三十歲，將邁入四十歲。單身並不意味你是弱的；它意味著你足夠強到可等待你真正應得的結果。但絕不是等迷人的公子來救你。如果你想生活中有適當的伴侶，就去追求吧；生命很短促，不能等。不要只期待愛來到你家門口。倘若你不去尋找，你永遠找不到合適的對象。如果你是一位有雄心的人，你會很容易找到他。要小心；當妳準備好，妳才能墜入情網，不要在你寂寞時。讓某人離開你比責罵你來得好。避免再回到你要離開的男人。你可能犯的最大的錯誤是：離開的這男人正站在那等著你。做明智決定，你以後才不後悔。相信你的能力、信心將導引你走向適合的伴侶。

取自孔子的中國金科玉律：「己所不欲，勿施於人。」你有許多男朋友嗎？假如他沒有機會，告訴他們，不要引導他，讓他覺得有機會。正如他不應玩弄妳的心，妳不應玩弄

他的心一樣。倘若妳與前男友有不好的關係，不要讓妳現任男友付出另一男友造成麻煩的代價。

假如你有被動性格，你可能認為一段關係的失敗就是世界末日。Marilyn Monroe曾說過：「只因你失敗一次，這不表示你做任何事情都失敗。」不要讓一個不好的日子就使你感覺是不好的一生。記住，倘使他離開或放棄你，這是他的損失，不是你的。忘掉過去傷害你的事。但不要忘記帶給你的教訓。讓你的過去更好，而不是更悲傷。不要喪失去找對的伴侶的信心。若你愛某人，不要讓他溜走。認識他而失望比不認識而常迷惘好。那是我決定與我丈夫結婚的原因，我認為，假如我嫁給他人，卻仍會想著他每天在做什麼，這對我所嫁的男人不公平。

充實你生活的空虛之處，以工作與成就來完成，而不是自我毀滅。想一想你是哪類的女人，以你崇拜的女人做為榜樣？有件獨特的事，女人本身要取得，那是知識。我常告訴我最小的女兒Patricia，知識屬於她，一旦她獲得它，沒有人能從她那裏偷走，有如強盜僅能偷走你的錢或珠寶，不能取走你的知識。

以下是從Coco Chanel取用的引句：

> 一個女孩要具備兩件事：典雅的及無比的。
> 高雅是內在與外在皆美。
> 無可取代，你必定不同。

假如你同意她的觀點，你能改善你自己達到她的標準。你絕不能停止嘗試改進你自己。

　　世界上將只有你一個人。保持健康很重要，健康是世界上所有錢不能買到的東西。Steve Jobs（賈伯斯）於56歲時去世，他體會到一件事，當你失去時，你將永遠失掉它，沒有東西能把它帶回——那是生命。他的生命不能用他的財富買回。若你要繼續持有健康的資訊，參閱我另一本書《穴位赤鐵礦石自療法》。學習每天如何按摩你自己，你會覺得自己一天比一天更快樂與健康。

　　互相包容與尊重會在每種關係中發揮主要的功能。在約會遊戲中，你有很大的機會拿到回報。進入深層的關係時，要知道你的價值，了解你自己與了解他。當你見到他時，總是要記住微笑，及尊重他的感受；即使他對你沒任何意思，但對他可能有些意義。保護你自己，不要讓他利用你，也不要收穫少於應得。等著你找到合適的伴侶，讓他有如公主般對待你。

　　找到對的伴侶不會改變比你現在更好的人。假如你是懶惰的人及主觀的人，找到一位慷慨、勤勉的對象，不會轉變。但說實話，如果你有點怠惰，與刻苦工作的人結婚很好。我丈夫一直願意做家務事。他從教職退休後，負起家裡烹飪的工作。所以我有更多時間寫我的文章。沒有男人會讓妳快樂。首先，你要在內在快樂下，你才能與你的合適伴侶快樂。

　　你自己買一本幸運的筆記簿，開始寫下你正在尋找潛在

伴侶性格的一張表。問你自己，什麼是你生活中，內心最熱望的關係面？大多數女人喜歡男人的這些特點：幽默感、誠實及和善。把這些特點列入你的表上。最重要的，確定你能忍受他的脾氣。倘使你認為他的脾氣差，儘快離開他；否則你會苦惱。若你遇上了他，與他結婚，且你有小孩，孩子們也會受苦。這張表會根據你的經驗或年齡而改變。一位女士在她20多歲時列了55種性格的一張表：它有許多膚淺、物質的資料，諸如好面貌、高度及喜歡穿暗色的牛仔褲，在她30多歲時，那張表被拿掉了，因為看來有退色。在30歲時，她認為真正重要的是要有以下這些人格特質：如誠實、信用，一個穩固的家庭及朋友；有些特點要延續下去。

如果你要一個伴侶，他有責任、有信心，在結婚後照顧及愛你，承諾在困苦的時候也在你身邊，請把這些需求放入你的表上。

2.2 施比受更有福

> 我已透過各種方式向你指示，藉著像這樣的勞力，你必須支持弱者。同時要記住主耶穌的話：「施比受更有福。」
>
> ——Acts 20:35（NKJV）

金錢不可能買你的一切，但只要你用對方法，它可能給你快樂。美國的研究者這麼說。在研究中，他們認定這句老

諺語「施比受更有福」是正確的。花錢在別人身上或作慈善，比買東西給自己更會在你臉上添加更多的微笑，這種模範跨各個收入階層。換句話說，甚至非有錢人也說，當他們花錢到別人身上的比例相對比自己多時，會有更多的快樂。

我最小的女兒想，她要保留兩百萬美金作退休用，計畫捐出她其餘的財富。她說：「我很少有理由延遲捐款，透過支持有價值的事蹟得到很多好善行。而且，在你尚存活時捐，比你死後捐更快樂。」

有時，我們已達成自己的個人目標，但仍然感到內心的空虛，因為我們未對其他人的生活做有意義的貢獻。當我們自願獻出或幫忙別人，祇對其他人提供服務就會感到愉快。我們對努力的結果感到滿意，正是我們自己快樂強有力的來源。當我們給予不幸的人幫忙，能增進他們的生活，藉著增進他們的生活，我們也獲益。一直受到很好照料的人們會進一步報答，甚至在他們幾乎已沒東西可給時還會佈施他人。持續施捨的循環讓世界更好，更適人性。做你周邊人們的好模範，尤其給年輕之輩。我的孫女提供一天保母的工資給非營利組織，她也參與他們的活動。她不管自己的財務狀況，只感覺迫切要捐款給絕望的事業，她也學會不欲求某些東西，像放棄喝星巴克咖啡，這樣她就可以捐款。

設法找方法，即使是小東西也可以給別人。開始與人們交談與傾聽意見，幫助需要的朋友或到當地慈善機構當志工。這些活動不需什麼成本，但是我們開始以新的願景看我們的問題，了解到我們能對別人的生活做出重大改變，我們

自己會感覺更好。當我們與別人分享我們的思想、時間與能力，我們也會為此感覺高興。沒有與他人分享的生活會變成孤獨。當我們與他人分享時，他們會感激我們，並有助我們於自己生活中感受更多的快樂。我們不必給予貴重的禮物；有時一首詩、一則快速的短訊或一封關切的電郵，也會讓別人或我們的日子過得愉快。分享我們能施予的東西給在我們生活中有好德性的人。當你送禮物給一些人時，不要藉著把它放入最高檔商店的昂貴盒子內，試圖欺騙領受者，他們可能會嘗試拿它調換，才知道它不是在那裡買的。我記得買一件針織上衣給我的孫女，它衣領太小了。我把它放在第五街禮盒內，我女兒去第五街商店，發現它不是在那家店買的，她感到尷尬。

在1989年，我遇到一位泰國婦女，她有一些手相知識，但不知細節。她指示我看她的手掌，我很驚奇看到她手掌有許多紋路。她要我分析她的手掌。恰好我1980年回台訪問時買了三本手相書，研究手相術便成了我的嗜好，這機會，我認為正是時候。我向她承諾，我要閱讀我的書，給她答案。我很努力研究，了解到她紋路背後隱藏的意義。我發現她手掌有許多紋路，意思是說，她可能幻想很多想要的東西，因此她的心似乎不安寧。這種情況有可能會導致她陷入很麻煩的境遇。她確認那就是她的人生。

我成為一位業餘的手相家，我會問要我看他手相的人是右撇子還是左撇子。對於右撇子的人，左手掌紋及形狀顯示一個人生下來的性格特質、人品及命運，絕不會改變（我

叫它自然之手）；右手掌紋及形狀指示它爲生活所做的改變（我叫它改變之手）。對左撇子的人，道理相反。我要求人看手上兩邊的掌紋，如果幾乎是相同，意味他沒努力改變他生活的方向，讓它順其自然。假如天生之手比改變之手好，那個人生活型態的改變比它原有的命運差。我要警告他的態度，指出他的健康、事業、人際關係或婚姻是否有問題。若他改變之手比他天生之手好，我將給他豎起大拇指，鼓勵他繼續做他從事的工作。

漸漸地，當我與丈夫去參加批發禮品秀時，許多參展者在填寫完零售商訂單之後，要我看他們的手掌。我仍記得我告訴在展覽會中一位賣繪馬T恤的女士，她的婚姻走下坡，她需修補她的婚姻或與她的先生離婚。一年之後，她告訴我可怕的故事，在她與她女兒到佛羅里達去度假時，她的丈夫開槍射死她的兒子。她丈夫知道她愛她的兒子比她的生命更重要，所以他決定除去她的孩子做爲報復。但即使她使她的丈夫入獄，它也不能把她的兒子帶回來。她很遺憾她沒聽我的勸告與她丈夫離婚，我的心永遠與她哭泣。我不能想像這位邪惡的父親殺他自己的骨肉血親！

我看很多人的手掌，在他們的手掌中不到10個人有完美的掌紋。當然，我交際的這些人是中產階級，甚或窮人。他們每天爲生活所需奮鬥；他們有健康、工作、情緒、婚姻，家庭或金錢的議題。我很快樂地讓他們知道自己的個性及如何改進他們的情況，從來沒有收每個人一分錢。我收到「愛的禮物」，從花籃到時尚的珠寶。後來，我們沒再參加任何

禮品秀，我很想念那群朋友。

　　法國市場在紐奧爾良，是路易斯安那一個著名的跳蚤市場；我們有一些羽毛面具的客戶在這市場。有一天，一位客戶凝視著我，告訴我說我看起來很疲憊。然後他給我二顆赤鐵礦石，對我說把他們放在口袋處，這些石頭可以帶給我元氣。我使用它摩擦我疼痛的地方，我感到舒服，所以我開始用它按摩我的身體。我的朋友接受腦部手術後仍有頭疼的問題，我推薦他使用赤鐵礦石按摩頭部；他發現頭痛解除了，所以再推薦它給他的朋友。我也給我的髮廊女士一顆，因她偏頭痛；對她也是有效的。送人這些赤鐵礦石是昂貴的，一顆成本要8美金。

　　我決定要求我的好朋友替我在台灣生產它。我賣我的股票支付第一批赤鐵礦石的貨款。每當我給人赤鐵礦石時，我會教他如何按摩，我朋友建議我應印一些說明在一張紙上，取代我每次的解釋。說也奇怪，我為這件事情寫了一本書。在2015年，我設立一家非營利基金會（柯喬治紀念基金會）；我的朋友、孩子、姻親兄弟很慷慨地捐錢給基金會。有了這捐款，我丈夫及我有足夠的錢回台灣舉辦三次的慰問會來撫慰228事件或白色恐怖受難者及他們的家屬。大約有2,500人受邀午餐，他們所有人有同樣悲慘的經驗；他們彼此了解，說出一些隱藏的痛苦。我覺得我的丈夫及我做了一件好事。

　　有一次，我與一位很有錢的女士談到捐款；她認為捐錢給外人，不如買衣服。她是無知與自私的。在生活中，我們

達到財政穩定時，我們享受在富裕中；我們應該根據自己的能力與願望，施予需要幫忙的人。無論何時我們決定施予什麼，將導引我們真正的快樂。

2.3 總是瞄準高目標

> 立定高目標，但嫁給金錢。
> ——John Rivers。*她女兒做到了。*

對一些婦女來說，幾乎是與生俱來的權利，她們很少遇到吸引異性約會的困難，因為她們出生於富裕的家庭，例如飯店的女繼承人巴黎希爾頓。但每一個人有權利追求富裕及成功的美國夢想。

像你我一般人，需要很努力才能找到完美而匹配的好先生。記住，妳要渴望最好的。然而，真正富有的名人幾乎在一般單身俱樂部找不到。你需要提高你的等級，去逛逛富人去的地方。也就是在他們的酒吧喝酒（考慮5星級飯店）。富人旅遊都住在豪華旅館，因他們要求每件東西都要最好的。在他們的餐廳吃飯，他們不會享受低於A級的牛排，因此4星級牛排館是高權力者及富商主要的消費場所。

我不相信金錢能買到我們要的每一件東西。事實上，我相信在我們生活中最重要的事是快樂。但我越看最近收入不均勻者增加又難以逃脫出生的社會地位，我越會鼓勵單身或離婚婦女設法找另一對象，去尋求菁英及富翁。賈桂琳甘

迺迪(Jacqueline Kennedy Onasis)報告說：「第一次你結婚是為愛，第二次為錢，第三次為伴侶關係。」總統甘迺迪去世後，賈桂琳下一步想到的是她的孩子們，包括她們的財政穩定。

現在，人們的結婚時間拉得較長；兩性接近三十歲時才結婚。結婚前，假如他們已有長期的感情關係，那些瘋狂熱戀的感情過了一段時間也會消退。這群條理成熟的人，他們了解現代生活是昂貴的，養孩子是昂貴的，持家是昂貴的，甚至結婚也需要一大筆錢，所以目光投向金錢，它是有吸引力的。一些人們注意到他們父母的奮鬥；他們不要做同樣的事。倘若他們要像某人保證他們的真誠，為何不讓它在財政上成做有保障的人？若他們要為錢而結婚，他們要確認對象有錢。他們要超菁英、充裕而有無限資源花在孩子身上。然而現在公立學校缺乏資金，菁英教育一直在增加，但僅對富人有利。假如你先生碰巧有錢，好運氣是一件好事，這確定會讓生活更美好，可為你及你的孩子開啟機會。

女人在約會時，把男人的財富當條件考慮會較為快樂，尤其對超過40歲仍單身的女人。當然，找到長期飯票並不像聽起來那麼容易。但以你的正確願景、聰明與誘惑力，是可能的；你從一開始就會找到對的好先生。

研究發現，身體的吸引力及教育能幫女人透過結婚達到向上的動力，並幫她嫁給一位高職業的男人。我丈夫及我從台灣來讀書，並且定居在這個國家。我們很幸運有4個孩子。我們設法給他們我們負擔得起的最好教育，以致他們有

較好的前途可在這個國家生活。有一天，我的朋友羨慕這件事情說，我做了一個好的投資，送女兒們到好的學校讀書，所以其中的兩個女兒嫁給體面的男人。我從沒有想到結婚這事，當我們送我們女兒到私立高中及大學讀書，僅當作一種發展她們經濟自給自足的手段。負責任的父母為孩子們的未來，重要的是給他們好的教育，也引導他們有好品德，在他們成長的過程，融入他們心寧所要的東西。

大部分成功（假定是高收入）的男人報告，他們娶或願意娶一個與他們一樣優秀或比他們聰明的女人。他們認為值得與花瓶老婆或有價值的女人在一起。他們搜尋非常漂亮的女人，她能設計社交活動及有好的禮節，就像一個好太太一樣。要小心你選擇的男人；你選擇男人的臉部要好看。在你們彼此衰老的餘生中，你們每天將不得不在起床後面對那張臉。不要嫁給你被吸引的男人，要嫁給你喜歡的男人，喜歡才能較持久；要找到一位好丈夫不容易，但擺脫一個壞的更難。

有時成功的男人不一定是成功的丈夫。嫁給善良、體貼、對你關心、有幽默感及好脾氣的男人，不要嫁給錢包或行頭。

你認為個性對立的人能互相吸引嗎？暫時也許會。但性格相似之人傾向會持續長久。你們要有共同點及興趣，才能持久成一對配偶。

如果你為愛結婚，後離婚，愛在哪裡？當然，假若你嫁給一個富人，至少你能以財富解決，這有助你減輕痛苦。

這是一種偏見，在約會場所告訴女人最重要的是她們的容貌，不在於其他的成就與品質，那當你沒有吸引力時，也不要對整個世界感到失望，倘使你要再尋求合適的異性友誼，你應把焦點放在你自己的成就上。若妳要一個有成就的人做丈夫，妳也會有成就，這是必然的結果。

一些女人對男人的某些品質有所迷戀，說他應多高，但當他們被介紹給準備結婚的善良好人時，那條件就消失了；因爲她嫁的恰巧正是一位聰明而有充分儲備金的男人。那妳呢？

2.4 差距很大的婚姻

> 母親常說：女人到了一定年齡後，要嫁給比她
> 年輕的男人，否則她終將照料這老人。
>
> ──Zsa Zsa Gabor

2020年於一家餐廳，我遇到一位穿著華麗的老婦人；她92歲。她告訴我她要結婚而逃離她家。她一直與這一個人相處在一起；他28歲，當她滿18歲的那個星期，她嫁給他。然而她不知道他是嫉妒型的人。他不許她在他不在時見任何人，她有一個男孩，11年後他們離婚。她結婚的時候不是正確的決定，但在那時對她是一個藉口。她第二次結婚是因爲她剛放棄第一段婚姻，全無收入，她衝入第二次婚姻，與一位酒鬼。因她是一個漂亮的女士，她又結束第二段婚姻，嫁

給當地一位雜貨店的老闆。她的心情掉入九霄雲外，當她發現她第三任丈夫喜歡花瓶老婆，不太關心她，只把所有精力投入他的商店。她得憂鬱症，需入醫院治療，最後她決定脫離那枯燥無味的生活，遷入其他城市，在這地方她遇到第四任丈夫。起初，他安慰她讓她治好她的憂鬱。慢慢地，她發現他也是一位酒鬼，在那時，她需要照顧她老母，沒有太關心這第四任的丈夫。他們結婚九年半；他偷偷地申請離婚。回想她長期的經驗，她認為她不夠謹慎。她最大的錯誤是太快結婚。她忠告年輕的成年人，在各方面要非常了解你正想要結婚的對象，不管快樂的與有壓力的部分，以及雙方的人際關係，要彼此好好地了解。你不能將你的配偶塑造成你要的東西。她要我告訴較年輕的人們：「當你想要結婚時，不要急於行事，要謹慎選擇。」

你結婚前，要了解你的對象的內在及外在的狀況。最低與最高的伴侶年齡，什麼是可被接受的？當這個問題被提出討論時，有人隨即引用「年齡的一半加七」做為社會可接受為最低年齡的規則。就是假如你是24歲，你可安逸與至少19歲（12+7）的任何人在一起，而不是18歲的人。

最高年齡的界限是你年齡減7乘於兩倍。假若你24歲，上限年齡將是34歲〔(24-7)×2〕。這規則僅被拿來計算社會公眾中所能接受的年齡。這看似以常識立下的規則。年齡大的差異不是本身的問題。但，若你的年紀到了兩個不同世代的交點（中年+青少年），要克服的障礙變成很有意義。在今天的社會，30歲已被千禧一代認為是中年。但在推理上，

中年被界定是50歲，假如你從1歲算到100歲，你正立於中年。通常，在你活到50歲，你就被認為已過了人生的一半。有些人有方法活到一百歲，但多數僅活到80幾歲。若你從1算到80，擬定為中年是40，到50就過了一半。但大多數婚姻沒有遵照這規則，因為情侶可能熱情墜入情網而立即做出羅密歐與茱麗葉式的承諾，或怕沒有較好的伴侶而絕望地承諾結婚。

男人在40歲之前，喜愛伴侶的最大年齡在他的年齡左右。過了40歲，大多數男人喜愛最大年齡要低於他們自己的年齡。我們看到許多老人，太太較年輕，但在心理或身體方面的差異會導致離婚。在2019年，電視與電台主持人Larry King，離婚7次；他85歲，他太太Shawn Southwick 59歲，在結婚22年之後離婚。他們在1997年9月5日結婚；2010年，Larry King因Shawn發生桃色事件而提出離婚，這對夫妻解決了他們的問題。

另一事件，一對夫婦第一次相遇時，女方26歲，男方50歲。在那時，女方較喜歡年紀大的老人做丈夫。他們有兩位英俊的男孩，一起生活20年，在許多方面，他們被公眾認為是成功的婚姻，但在私底下，她抱怨嫁給年紀大的老公，他有勃起功能不佳的問題，她經常希望嫁給與她年齡接近的人。

當她第一次告訴她的家庭與朋友，她正要嫁給一位老人時，他們都不高興。這個人甚至只比她母親大三歲。然而這位任性的女人仍堅持要嫁給他，年齡的差距不重要，因她們

俩有相同的核心價值，並承諾終將有一個好的組合。最後她不得不接受現實，度過沒有他的單獨的老人生活；當他們四人（她與她丈夫與二個孩子）去購物或旅行時，人們常認為他是孩子的祖父，這對她來說可能有一些不舒服。

研究指示，婚姻滿意度隨著時間快速溜逝，有配偶關係的男女，年齡差距大與年齡差距小相比，下滑較大。配偶的年齡，差1歲就有3%分裂的機會，差5歲18%，差10歲39%，差20歲的有95%。

我丈夫與我在2019年新冠肺炎(COVID-19)廣泛流行前，慣常外出吃飯。在COVID-19流行期間，他有糖尿病和4期慢性腎臟病；他一直感覺全身沒力氣，我變成唯一做飯的人。有時每天三餐，有時甚至一天四餐，當我丈夫說他肚子餓，他就坐下來，要求提供飯菜。我以前很少烹調，因為我們常外食。這對我是一個負擔，最重要的，當他不喜歡我做給他的菜時，他告訴我是做狗食給他吃。有一天他抱怨鮭魚沒味道，倒了至少有五湯匙的醬油在上面激怒我。我告訴我女兒，她建議他需有他自己的盤量及做他想要的食物來解決他的鹹味蕾。許多時候，他傷害我；我僅表達不理會的樣子，假裝我沒受傷害。當這件事情發生，我決定多天不煮飯給他吃。他僅吃米飯配罐頭鮪魚做食物。這不是好的激情的抗爭。最後我對他感到抱歉，我以後會補償。現在他會感謝我為他煮飯，同時記住他僅有白飯及鮪魚吃的日子。這是一個配偶沒對你好，而恐怖已發生的一個家庭事件：不管他所做或所說，我不理他，不與他談話，僅回答是或不是，讓他

為對我所做的一切感到抱歉。

我的丈夫與我僅有6年的年齡差距。我發現他的健康下降至隨時需要被服侍的階段，這樣看來，我們結婚年齡的差距畢竟不太小。

2.5 愛與被愛

有一天我與大女兒談話，我問她，當她約會時想要什麼：愛她男朋友較多或被她的男朋友愛更多。她說喜歡有人愛她與她愛人同樣多。很少或不可能找到某人愛你如同你愛他們有等量的愛。對這題目，她問我的意見。我告訴她，我較喜歡與我非常愛的人在一起，但他可能不是那麼愛我，反之亦然。

這有兩類型的關係：

1.你愛你的男友，但你男友不愛你（等量）。
2.你的男友愛你，但你不等量（程度）愛他。

愛一個人以及被同一人所愛是最好的。

但對我來說，在結婚前，許多男人把我當作偶像崇拜我。那時，我喜歡被挑戰；我丈夫是唯一沒追過我的人。我決定要與他一樣好，我要做最好的，感受值得他的愛。大部分的女人喜歡愛他們較多的男人。她知道被愛是低風險的。這就是說，當時間到來時，另一半對他們可能會更容忍、更

有耐心。

你會做何選擇？這答案不明顯。

在1969年，我遭遇到兩個情況，大衛(David)，我感覺他瘋狂地愛我。他坦白告訴我，當他女友回台灣渡假時，她警告他，除了我之外，他可以與任何人交朋友。我告訴大衛，在1967年我來美國時，我遇到一個人。他很傲慢，每一次我嘗試給他我的意見，他排斥我或不理我。我打電話給他，他未嘗給我回覆，因我不在他優先表的首位。當我搬到洛杉磯時，他給我一封信，告訴我假如我們分手，就是因為我們個性不合，所以我告訴大衛這事，不幸地，我瘋狂地愛上那個人。大衛知道他是第二選擇，當那個人回到我身邊時，我隨時會離開他。

在大衛與我在一起期間，他每天與我說話，在工作後經常不斷地灌暴我的電話線。顯然地，跟我談話是他生活最重要的一部分；他不在乎電話費有多貴。他每週末開車到我的公寓，甚至花費他兩小時才能到達。他也帶我到他的豪華公寓，我們躺在他舒適的床上，享受彼此陪伴；他會以相擁抱及接吻啟發愛情，我們談一些瑣碎的事直到用餐時間。他常讓我選我喜愛的中國餐廳吃飯。有時我們會與他的朋友一起喝酒，他願意給我一切所要的東西。

有一天，那個人打電話給我，告訴我他要來洛杉磯看我。我很興奮，認為我應租一間像樣的公寓。大衛幫我找公寓與搬遷，甚至他知道我搬家的原因。

時間在1969年9月。我選擇第一選項。大衛在任何情況

下仍把我放在第一位；在那時候，他知道我決定選擇那個人，不是他。他的朋友警告他不要再接近我，但是他已經走到最後盡頭。我們仍然過著很好的時光，直到那年11月我結婚。我遇到大衛的最後時間是1970年1月在他公司附近的Wilshire大道。我很高興見到他，但他凝視著我，沒說話就走掉。對他來說，我似乎是一個陌生人。直到現在，因傷害他很深，我仍感覺有罪惡感。然而我不能向他說抱歉，那要到另一世界我們相遇時吧。

生活需要繼續往前進。但讓我選擇第一選項也是痛苦的經驗。我嫁給RON，牽涉到台灣獨立運動。他幾乎決定要做永遠的單身漢，這是他沒追求我的理由。當他住在我洛杉磯的公寓時，一天晚上他拜訪朋友回來，告訴我他母親逼他結婚，他問我是否願意嫁給他。我很高興說是。我的丈夫為取悅他的母親而與我結婚。

我們結婚前，我聽到一些有關他小學生活的故事。有一次在學校的表演，他演頭目，他的甜心（意中人）演他的太太。他瘋狂與她墜入情網，他常認為小學時的甜心是世界上最美麗的女人，她就是他要一起生活的女人。在那種情況下，他的婚姻牽涉家庭責任及伴侶的關係，但比較少有浪漫的愛情，我處於次要地位。

我們結婚早期，我丈夫從未對我示愛，他把自己當一位嚴肅的人，有憂鬱的情緒，易怒難接觸，最重要的，他對我的慢動作很沒耐心；在2017年2月，我們一起回台灣，他告訴我，對他來說，我是一塊需背負的石頭，他不再要我和他

回台灣，因我不能快步走路跟上他。他利用我非常喜愛他的事實。我不會離開他，當有事發生時，他會以離婚威脅我，雖然我享受愛他的樂趣，但不確定我與他的關係。

當我告訴他，我知道他不會僅安以教職，他在未來要擁有自己的事業。他創業的思想激勵我選擇他做丈夫。再加上他的英文比我好。

我是一位樂觀者，也是一位夢想家，相信改變我丈夫的態度的確可能，有時上帝也會幫我。當他在1995年回台灣參加小學的同窗會，他再見到他的甜心。他大感意外，她變得不迷人，是一位老胖的女士。他開始叫她小象揶揄她。我告訴我的丈夫，在我的生命中，除了他之外，人人讚賞我；他微笑，同意我的陳述。

漸漸地，我的丈夫不再自尊自大，但那過程很慢。我丈夫不要任何孩子，所以他訴苦說我的孩子們不夠好，不能與他朋友的孩子相比，而且我不懂得如何適當地裝扮。他高估自己，認為我們親戚有的東西，他將會擁有它。我不斷告訴他，我們要滿足我們有的一切，他也沒有方法能夠追趕上我們富有的親戚，但是他會恐嚇我，說我沒用。

在某一時刻，我非常沮喪，不知道我生活中該做什麼。甚至我生下四個孩子後，他仍然堅持他不喜歡小孩。但他從大學教職退休後，他感到寂寞，開始打電話給孩子們。我向他開玩笑有關他說不喜歡孩子的事。他問我，是否他能改變主意。現在，在我們生命的終點，我的丈夫以我們四個孩子為榮。最後，他知道他幸運有一個太太及四個孩子，他們是

他原本為台灣獨立運動試圖放棄的人。我們朝著目標前進，送四個孩子進菁英學校讀書，讓他們有好的生涯。這帶給我們生活更多的快樂。

在我遇到我丈夫時，我認為倘若我沒與他結婚，我常想他做什麼，即使我嫁給別人，這對與我結婚的人不公平。當我愛我丈夫時，心是往下沉的，不是往上升。我不知道我嫁給一位與我不同心的人。當他不能控制他的脾氣時，我將被打擊，對一位更愛他的人，我感到厭倦。

如果我夠幸運再有一次選擇，我會挑選第二個選項。

2.6 愛中的快樂

> 無論如何都要結婚。假如你娶個好妻子，你會快樂；若你娶一個不好的，你將變成一位哲學家。
>
> ——Socrates

當我與我丈夫結婚的時候，他告訴我他的姨母相信夫妻在前世是有連結的，不管他們的連結是好或壞，一對生活在一起多年仍相愛的配偶，他們在前世一定是好朋友或親戚。對常打架的配偶，但仍結合在一起沒離婚，這意味著他們仍相互欠債。等債付完，他們就會離婚。

在聽到這訊息後，我認為假使你的丈夫想與你離婚，你能了解是什麼原因，就讓他走吧。你往後也會有自己的新生

活。我常常鼓勵人要有伴侶，尤其在老年時。

　　男人及女人都在找尋他們完美的對象或完美的配對，但往往會發現這是困難的。世上沒有非常完美的配對，每件事或每個人都有瑕疵。一個成功的婚姻依賴兩件事：找到對的人與成為對的人。假如你設法找到對的人，你首先必須做為對象或配對合適的人。人人要求他人事事完美，而卻對自己要求很少。一位禿頭，胖子，年老的男人，在生活中要一位令人激動的女人像Mariah Carey，他能回報什麼呢？可能以35克拉的鑽戒來回報吧。

　　娶一位你喜愛與之交談的女人，但不需要看起來漂亮的人。當你年紀越大時，她談話的技巧與其他的事一樣重要。在婚姻中，丈夫與夫人必須真正喜歡，互相尊敬及相互交談。我曾經看到許多配偶經過幾年婚姻後不尊敬彼此，兩人之間沒有溝通。大部分的情況是美麗的太太沒受良好教育及沒有常識。對她的丈夫來說，除了說他們到外面吃什麼晚餐，或斷定誰要遛狗之外，難與太太交談。事實上，每天配偶除了家務、工作及小孩外，必須討論任何話題。當配偶不聊工作問題時，要打開個人話題之門，這有助於他們倆以親密的方式了解彼此。有時丈夫忙於追求較高的教育，沒時間關心家務事。結果太太照顧小孩，漸漸地，他們分離。這對配偶沒離婚，但他們沒話題談。我不稱這種關係是婚姻。

　　美國心理學之父William James (1/11/1842-8/26/1910)說：「人性最深的原則是渴望被鑑賞。」在我們還是小孩子時，這是事實，等到我們青少年，二十歲、三十歲及四十

歲時，至今天它仍是事實。不管我們的年齡，我們要感受被賞識——直到我們去世那天都一樣。沒有任何東西像感激(appreciation)這一誠摯的字，能給我們鼓勵及精力去面對一天或一週的剩餘時間。沒有任何東西像感激這一驚嘆的字，能立即改變我們的態度。沒有任何東西像感激一字，在我們受攻擊時，讓我們能冷靜下來。沒有任何東西，當我們自己收到感激這一字時，能幫我們感激別人一樣。感激出現很多方式：「謝謝你在我苦惱時幫忙我」、「謝謝你為我在那裡」、「謝謝你的理解」、「謝謝你讓我感到被尊敬」、「謝謝你的合作」、「謝謝你成為你現在的人」、「在我的生命裡，你改變了我」、「你在這裡做得很好」。

創造感謝的習慣對快樂及健全的婚姻非常重要。一位好妻子知道如何對她丈夫表示深厚鄭重的尊敬，崇敬他多麼努力工作，給家庭舒適的生活。丈夫需要感謝他的妻子在他的生活中做了改變，諸如當他回家，晚餐準備好了；倘使他們有孩子，孩子們會迎接他。否則他會仍如單身時，回家要為自己煮飯或單獨外出吃飯。

每天設法找任何你喜歡的事情一起做，改進一些共同興趣，如每週花費90分鐘時間健走、跳舞或去看戲，你們能一起享受共同樂趣。我的丈夫喜愛在賭城玩21點，所以我學習如何玩它，我進而發現老虎機比21點更有挑戰性。一位名女記者有一次說老虎機是成人的玩具，而我認為它們是很昂貴的玩具。試著它，你會喜歡它，但必須在你的預算之內，否則完全不要接觸老虎機。

共同實現生活的夢想，或幫忙你的配偶完成他長遠的目標。一起創建事業的願望，一些較大的共同目的、方針或目標，無論是建立生意、家庭或家人，還有一起旅行的願望——爲個人成長與發展，這可能是結婚最重要的原因。對你們想一起建構的事，假如你沒有共同的夢想或願景，那什麼是結婚的目的呢？你們爲什麼在一起，不是爲這嗎？

　　慶祝每天的小收穫：如配偶準時完成計畫，且從老闆處獲得很好的回報，你分享經驗，其快樂是多重的。當然你們所有人要一起慶祝重大升遷或成就。美國教育家、文學評論家及作家William Lyon Phelps (1865-1943)說：「在地球上最快樂的是結婚。每一個快樂結婚的男人是成功的男人，縱使他在其他任何事情都失敗了。」這句話也可應用到每一位妻子身上。

　　許多事情在婚姻中會出錯。不要希望沒有問題的婚姻，或你的配偶順利行事，讓你所有問題都解決。生活不是你想像的那樣順利；你僅能獲得你掙到的東西。問題需要在兩個人間解決。思考某些問題，人們必須同意就像婚姻的運作一樣。要有這些願望：對孩子、性慾、職業的目標（當一方把事業抱負凌駕婚姻，伴侶受到傷害諸如延遲生育），財政事務（尋求類似花錢習慣；與財政相反的人在一起，開始時有趣，尤其對守財奴，他們很難有時間自己花錢，有越來越多機會爭辯與責難），宗教、背景、健康關懷，嗜好與興趣（你們喜歡一起做事，或各自獨立），以及旅行（包括你倆要住什麼地方），與你伴侶不同意見時，如何處理現場情

況。不要提過去事。有禮貌地辯論，不要辱罵，不要貶人，不威脅離婚。一對伴侶會打架；它是生活的一部分，他們會感到不舒服。有些問題在主要的計畫中根本是小事，不需要辯論，顛覆你伴侶。絕對不要讓你的伴侶沮喪，因爲最後結果使你自己看來感覺不適。沒有人應受那樣的對待。如果你相信你的伴侶成爲靈魂上的伴侶，要重視特定爭論的意見或暫時的不快樂。

Michel De Montaigne (1533-1592)，一位法國文藝復興時期最重要的哲學家，他說：「好的婚姻是介於盲妻子及聾丈夫之間。」若你的丈夫是很輕浮的人，就在你面前與女服務員調戲，那是很不好的舉動。我的丈夫接觸到一位年輕女士的臉頰，在我突然間從我臥室走到餐廳時，看到他的動作。這是很痛苦的經驗。我幾乎想跟他離婚。這位年輕女士僅比我的二女兒大一歲。她是我一位好朋友的姪女，他的父母都已過世。我的丈夫及我成爲她的乾爸乾媽。我揶揄我的丈夫說，他可成爲她的金主爸爸。

當發生到你及另一個女人時，你的丈夫將永遠站在你這一邊。你的感受及意見對她很重要，以及他將永遠把妳及福祉置於他人之上。那就是差異所在。假若你丈夫明確以當一位好丈夫的態度來關注你，爲好婚姻起見，妳應可對他輕浮的動作當個盲妻。

我不相信一位聾夫，若他聲稱他有嘮叨的妻子，而爲好婚姻著想，你是一位好丈夫。她是一位嘮叨的人，會藉絲毫的機會抱怨責罵。她必定會抗議某些事情，她知道如何做的

唯一方法就是嘮叨。在任何關係中，〝嘮叨〞的意思就是常表達不滿你的夥伴。倘使你意見不合，你妻子知道對你什麼是最好的。她的第六感結合週邊的理解，在這些情況下做出奇蹟。嘮叨絕不憑空出現。若你的妻子情緒爆發，肯定有事發生。記住，你妻子不是發瘋；你倆不能同時發瘋。這是你必須傾聽她的原因。要知道她要說什麼話，並認知。你以往快樂、熱情的妻子突然間變成嘮叨婆，應有許多理由，你需要了解造成她嘮叨的原因。這意味著你必須調整使她緊張的任何因素。例如，你的習慣傷到她的心，要想辦法抑制這種習性。做那些事能讓你的妻子很快回到現實。這個主意是以好習性取代壞習性。你的妻子真正喜歡有正常的生活，她可能停止對同一件事反覆地嘮叨。這是為何你需藉著多聽著手，但不能充耳不聞，多聽少說；你就能夠了解牆上一些敏感的箴言，並知道如何不讓妻子老是嘮叨抱怨。美國喜劇演員及電影名星Groucho Marx (1890-1977)，在DOLLAR & SENSE（美元與感觀）劇表示：「丈夫要有快樂的婚姻，應學習閉上嘴巴及打開支票簿。」我百分之百同意。

2.7 與孩子們相處快樂或不快樂？

有一天，我丈夫、我與幾位我們要好的朋友在日本餐廳吃午餐。其中一位朋友和我談到我們的孩子，因為她有三個男孩子及一個女孩子，而我有三個女孩及一個男孩。她對她的孩子們感到挫折，最大的男孩子已過世，第二個孩子單

身，第三個男孩離婚，且最小女兒也離婚。她說在前生可能欠他們的債，所以他們來到這世界，想要她來還債的。她也告訴我，我有4個好孩子，因為他們來到這個世界是要來償還他們在前世欠我的債。許多我的朋友們老是羨慕我有4個好孩子。我常告訴他們我是幸運的。我的朋友向我解釋後，我才了解為什麼我的孩子們對我們這麼好的充分理由。

我的叔父告訴我，孩子們是動產，是因為他生育5男1女。我在小學年齡時去他家拜訪，我問他為什麼他有這麼多孩子。他說在台灣，我們相信父母想要孩子，所以在他們的黃金時代就有人照顧他們。這些是完全合理、正常的期望，但是沒有人知道它會不會實現。在你年老時，孩子們還活著嗎？這位女士的大兒子在他36歲時就去世了。

我結婚前，我拜訪Morris Chen先生；他問我，我喜歡有多少個孩子。我回答我喜歡有4個男孩。他的孩子取笑地說我將會有4個女兒，不是男孩。我現在有三女兒及一男兒。在台灣，父母喜歡男嬰勝於女嬰，因為男孩在他成婚有孩子時會冠他們的姓。但現在女兒往往會在父母年紀大或生病時照顧他們。

根據輪迴轉世說，一男一女基本上是過去的債；不管是來討債或還債，他們都是因債而來。一些孩子出生，因你欠他們債，在這情形下，你會做得不好，他們可能更忘恩負義。諸如我朋友的兩位養子，他們吸毒，常進出康復中心。我的朋友們最後申請破產。我丈夫及我很幸運有全部4個孩子的照顧，也在生活中幫忙我們（回報前生我們為他們所做

的一切）。

　　我僅有一位親哥哥。自從我在小學時候，我就喜愛有孩子。我丈夫幫母親養二個妹妹，所以他老早知道扶養孩子是辛苦的工作；他知道他母親把這兩個妹妹帶到這一個世界起，小孩是需要費用的。當我們結婚，他堅持他不喜歡孩子。幸運地，他不堅持自己的理念，給了我四個孩子。約在1980年時，四個孩子已經被認為是一大夥人。當我們與四位孩子外出時，人們會瞪著我們。我的丈夫一直開玩笑地說我們是天主教徒。在1970年，我的丈夫僱一位年輕女士幫我照顧我的大女兒，她做家務事，同時也為我們煮飯，我們每週只付美金45元給她。現在我二女兒每小時付美金18元給婦人做同樣的事，但她全然不做家務事。當然，她僱大學生當保姆，甚至在小孩幾個月大時，就於睡前閱讀故事給他們聽。她兩個小孩變成非常聰明與喜歡閱讀。確實，孩子要付出時間、金錢、睡眠及焦慮的代價。他們擋開你參加派對、渡假甚至讀書的時間。對我的二女兒，在她財政上沒困難下，她發現她兩個孩子帶給她很多樂趣與歡樂。她覺得，做為父母，在情緒及智力上會漸次流盡，它也常需專業的犧牲及財務的能力；否則她的丈夫將想要有一百個孩子。

　　我的一位朋友很客氣問我是否全職照顧四個孩子。我告訴她我幸運有僱用幫手，那時我丈夫是大學教授。當他不需教課時，他常幫忙帶小孩子到他們要去的地方。我的朋友告訴我，假如我全職照料小孩，兩個就夠多了。那時，我認為花錢養孩子，最終，他們長大，他們都是我的。我認為若他

們成長像你吹氣球一樣快，那多美好。對我來說，有了孩子是美妙及愉快的經驗，但其過程是緩慢的。現在我的兩個孩子有他們自己的家庭；我們會一起過感恩節及聖誕節。

有幾次，我們邀請一位女士，她50幾歲，她丈夫不要任何孩子，見到我全部小孩後，她後悔同意她丈夫的意見。根據一項研究，30歲以下的父母比沒有孩子的夫婦不快樂；從40歲以上，有一個至三個孩子的父母比沒有孩子的夫婦較為快樂，50歲以後，不管他們有多少個孩子，母親及父親都比較無所謂。結果無論在性別、收入或夥伴關係狀況都一樣，當夫婦在30歲以下時，他們喜歡在床上，傻傻地笑，有時甚至在那裡做愛。父母失去他們的誘惑，以致30歲以下的父母比沒有孩子的夫婦不快樂。之後，你開始了解你像其他人一樣平凡而沉悶；你感到空虛。擁有孩子意謂你在生活中有真正的目的，而夫婦有話題可談。孩子是給夫婦愛（快樂）的人，他們提供一種使命感，有時使夫婦笑容滿面，僅由於他們多年來的有趣動作。孩子不僅有趣，而且是優美的，甚至醜的人仍被他們的父母認為是漂亮的。只要把自己圍繞在視覺上頗愉快的萬物中，會讓人每天美麗歡欣。

如果你是勇敢與冒險的，生一些孩子。養孩子是辛苦的工作，但報酬逾越了挑戰。根據報導，需要家庭支持的老人可取得福利，因為有孩子。在2020年，我丈夫83歲，他有腎臟、眼睛的問題及高血壓。所有健康的問題起因於高血壓及高血糖，所以我們需從路易斯安那坐飛機到波士頓，給麻薩諸塞總醫院的醫師照管。幸運地，我們有三個女兒在波士

頓，且我的孩子買一個公寓給我們住。當我們離家時，我們有這個地方，我們叫波士頓的家。本來我的丈夫不要有小孩，現在我們所有的孩子贈予他們愛的禮物。他很高興，認為孩子是優異的，並傳訊息給孩子們，稱讚他們。

我一位朋友不要任何自己的孩子，但她喜愛姪女和姪子。因她有許多兄弟姊妹，在她小孩時，她的父親不能夠供應他們民生必用品。她發誓她不帶任何孩子到這個世界來給他們像她一樣受苦。有些婦女後悔生小孩；他們覺得在他們有孩子時，他們不夠成熟，無法負責任。這就像無終止的循環，放一個瓶子或食物在他們的嘴巴裡，一點也不好玩。尤其，如果他們是單身，不是女性，養兒是很大的問題。對年輕女性來說，她們對自己應該要非常誠實；若有孩子且有家庭是很重要的，然後她們應該全心全意去做。如果他們不能盡能力做可愛的、和藹的、溫暖的及親密類型的母親，且她們以事業為上，她應選擇沒有孩子的生活；否則她們與孩子相處是不會快樂的。

一位年齡在35-40歲的婦女抱怨她有三個孩子。這使她生活顛倒。她失去她的自由、金錢及非常愉快的性生活。她有三個小孩是由於她的丈夫愛小孩而生，然而她不愛。她仍與她的丈夫有好的關係，但她失去她們以往習慣的——較好的性生活、一起快樂休假、較長的外出、更常談除了孩子的行程及尿布之外的事情。他與孩子很好，對她的孩子，一件令人滿足的事，是看到他跟孩子在一起。他是一位驚奇無比的爹，與他們在一起很可愛，但她寧願看到他抱她姪女及姪

兒，而不願去看她們要負責的這些小孩，她只要有時間睡懶覺。她也想念她從前的體態──無論她丈夫保證她多少次性要求，對他來說，她仍是性感的。在缺乏可支配的收入下，她受到傷害，她不能經常整理頭髮，不能再修指甲，以及不能穿漂亮衣服。她感到土里土氣，縱使她設法不那樣想。她不會感覺生小孩是值得的。她與小孩偶而在一起的美好時光，不能彌補所有的犧牲，所有的辛苦，所有字面上的鞭策（鞭打屁股），睡眠不足，缺乏與丈夫在一起的時間，缺乏性生活，必須隨時處理他們，那是不值得的。她愛他們，但要抓機會立刻重來。然而她知道這個事實，無論她怎樣想，她選擇生這些小孩，她無法收回決定。她身為父母，但願她可望成為那些有愛心的母親們之一，並常說她們的生活多美好，但她不是。

這位母親正處在三個孩子需要她付出時間與關照的階段。甚至她很疲倦時，孩子不會讓她獨處，雖然孩子到求學階段就會離開；在此之前，她應取得每一機會，握住孩子們的手。時間很快就會到來，現在她應該記住這禪語：「其他人快樂，然後我才快樂。」來解除她的煩惱。

2.8 簡單、快樂生活

2019聖誕節，我給我的孩子奧利佛陳一個別針，寫著：「簡單，就是最好的。」我鼓勵他過簡單的生活，縱使他賺很多錢，當了總經理以及高級證劵（含Cowen and Company的奢

侈品零售及百貨商店）的研究分析師。

　　我的孩子喜愛名牌，但我認為假使你沒能力買它，僅穿戴著你感覺舒服的東西，還不如等它廉售時再買；你就能享受名牌的品質，但付出較少的金錢。對奧利佛來說，過簡單的生活不容易，即使他了解擁有更多及做得更多也不會得到快樂。我催促他在簡單的事物中找快樂，滿足單獨、寧靜、沉思和有品味的時光。

　　2017年，我半退休後，很少與零售商店的老闆做生意。我感覺所有的壓力、所有的挫折與所有的忙碌及匆忙都消失了。我有更多時間做飯。做飯的行為帶給我樸實。我承認自己不是一位烹調好手，對膳食的計畫、雜貨採購及烹調的過程，我不是很順手。只要用到人力的，我盡量避免它。現在我學會做飯的樂趣，因為我每天需花費時間在桌上做幾道好菜。我能看到蔬菜、豬肉、牛肉、雞肉及魚肉變成可口的菜或難吃的菜，全在廚師之手。我覺得烹飪是一門藝術。我在2020年8月13日去波士頓，做一些中國料理。我的孩子，甚至我孫子們喜歡它們，這件事讓我很高興。

　　2020年8月我與我丈夫為身體檢查到波士頓去；他需去拜訪腎臟及糖尿的專家。因受COVID-19影響，患重病最危險的人是85歲或以上的長者。也有其他因素會增加你重病的危險，諸如常受基本醫療的病人，心臟病、慢性肺病及糖尿病，這些病人倘若受新冠肺炎感染，會帶給你高風險的嚴重疾病。我丈夫及我被限制在我們公寓裡。僅我丈夫與我女兒們可以去看醫師，但我不能去。事實上，我待在家，什麼也

沒做（閒閒無代誌）。

　　早在抗生素問世前，醫生告訴病人最尋常的方法是需充分的休息。這文字的意思是不要做任何活動。當一個人生病時，不做事，很明顯對健康有好處，然而同樣的事不一定適用於沒病的人。懶散在我們現代的社會是不被接受的，但它對人類心理的健康是重要的一部分。在心理感受壓抑以及思想阻礙時，對身體的影響是逆向不利的。消磨時間不做事，對健康有令人驚奇的好處。心理健康與快樂，一個很重要的觀點是簡單的，容許心智不做事（心理寧靜）。這是在不忙碌的過程中，讓人自由地沉思，冥想，充電及廣泛欣賞環繞在他們四周的世界──我們通常太忙碌而沒注意的世界。

　　在我們幾乎接近全天候忙碌的生活中，我們不常花時間再給我們的電池充電。當我們休息時，我們會把自己陷入於分心狀態中，像漩渦式捲入社交媒體或臉書。我們沒有真正關閉腦筋，使精神瀕於筋疲力盡。什麼都不要做（放空心思），是完美的解藥，因為它給我們的潛意識擴展空間，提高創造力。它給我們集中思想，獲得觀點及解除壓力。

　　我們不要做事（無所事事或放空心思）到底要多久？我認為這件事情是重要的，每天選擇同一時間練習，以致我們身體會開始期待那段時間，不管多長──五分鐘或一小時──不做任何事情。只要它對我們感覺是好的。我是一位懶惰的人；我喜愛無所事事（放空心思），但是對許多女超人來說，起初他們獨自思考後感到很奇怪。她們認為她們應做些事，如為明天準備午餐。練習越多，就越容易做。一旦

他們衝過了初期開始時的困難掙扎，它就成為他們期待的事情，甚至精通無所事事（放空心思）的藝術。發生事情時，你會開始注意到你大腦的習慣要讓事情解決——它幾乎渴望做某事。這暴露我們心理的習慣，這是一件好事。然而，持續不做事（放空心思），僅坐一會兒，抗拒做某事的衝動。經一些練習之後，你能擅長於無所事事（放空心思），一種平靜的感覺會到來。這會帶來滿足、沒抱怨、感激的心理習慣。某種程度的無所事事（放空心思），對快樂及充足的生活是必要的。

除了無所事事（放空心思），我在一些簡單事物上找到快樂，包含寫作，閱讀，學習，從谷歌搜尋問題的答案，烹調，吃簡單的食物，按摩我身上的疼痛處，按摩我的耳朵及腿，冥想及睡覺。這大部分不必花費金錢。保持社交距離使我僅能在我波士頓公寓做這些簡單的事。我的生活突然變成比COVID-19大流行前較簡單。我能放下我心中困惱的其他任何事情，從做簡單活動找到簡單的歡樂。

許多人，包括我，都超載（超負荷）走向衰退的地步。超載之因在於我們生活有太多活動，太多變化，太多選擇，太多工作，太多負債或太多媒體暴露。因資訊超載，我們感到挫折。有解決方案嗎？是的，方法：在我們的生活中留一些空間(margin)，空間是喘息的餘地。保留一些些儲備，我們不會使用完畢。它將不會從這一場到下一場再到另一場，兩者間沒空間。空間是我們負載與限制之間的間隙。希望我們負載的東西不要超出我們自限的重量。但事實是我們

大部分的人都比我們能處理的要超出很多，在我們的生活中沒有錯誤的餘地。缺乏空間是現今美國家庭崩潰的一大原因。當我們不把關係(relationship)當作最先考量，彼此挪出時間，我們的關係會受影響。事實是關係需要時間和提供空間坐下來交談，傾聽與共享彼此歡樂的時間，並提供我們每人需要的安慰。我們不必生活超載。我們不必生活在生存的模式中，從今天開始，在我們的行程中設定一個緩衝表(buffer)。看電視表演，讀書，長程散步或小睡。由於我們沒給身心休息(rest)，造成生活中許多的紛亂。我們應該享受空間的好處。對我們要遵守承諾的事，它提供我們前景及新的活力。

明白你想要什麼，且對更多的事物說不。假如你熱愛玩網球、寫故事、解問題，或教孩子如何使用電腦，使用時間去做。你會覺得在你做你所愛的東西的時候，內心會充滿歡喜。這聽起來比強迫你自己做不喜歡的事好多了，不是嗎？我們很少了解你要的是什麼。當我們看到某人鋪上一張很酷的照片時，我們可能在忽然間也會修正它；突然地，我們生活的過程會改變心的方向，好像看到酷的東西或觀賞到新的或喜好的影片。有時某人邀請我們做一些炫酷的事情，我們瞬間會說「是」，因為我們的心意喜歡對每一件事、對所有閃亮及新的玩具說是。我要忠告：「別人所說的話，不要照做，僅傾聽，做你感到美好的事。」假如我們清楚我們生活該怎麼辦？如果我們知道：要創作東西，要如何生活，我們可以說「是」，對其他事情說不。對更多的事情說不，會簡

化我們的生活。我們的時間有限，所以不要浪費時間去過別人的生活。接受我們實乃我們自己，我們會感受到一個不同的世界。不要讓別人有機會來規劃我們的生活，終究生活是我們自己的。

你試想過生命的秘密是什麼？長壽與快樂的秘訣嗎？你應該保持歡樂的心情。這樣是明智的；這樣做，你必須放下負面的情感。若完全陷於深仇大恨中，你會高興嗎？當然，你不會如此。你為什麼接受呢？你已經知道負面的想法會帶給你沮喪的心情。所以，你如何阻止呢？要更深入了解它，設法以一些正面思考來取代負面的。少花費時間與負面的人在一起，要有更多時間與正面的人們接觸。

不要過度花費你的收入。不要浪費你的金錢在不需要的事務上；僅花用它在你需要的東西上。我們應該選擇節儉的生活。假如我們能節儉，就少去需求錢。若對錢的需求減少，我們對工作的需求就越少（尤其是壓力大的工作）。我們工作越少，越有時間休閒(leisure)。相較於工作，這當然是假設休閒能帶來較多的快樂，但顯然地，一個人縱使不缺錢仍可選擇工作。倘使我們財政穩定，我們仍能選擇工作，如果那是我們最喜歡的。簡單生活與快樂連結背後的另一原則是要滿足個人基本需求，這是所有快樂的基礎。只要滿足我們真正的基本需求 —— 食物、水、基本的衣服，基本的窩居 —— 少許的東西，我們就沒什麼事可擔憂的。節儉(frugality)能使人們防止負債(debt)，及貯存金錢於未來，這能減少許多金錢的煩惱，過更平靜的生活。

我的丈夫與我年輕時，我發現我的丈夫在我們基本需求無缺時仍有更多的渴望。隨著時間消逝，他開始視越來越多的東西為必要的需求，那樣也造成許多東西被認為是完全合理的需求。我仍然使用很基本的手機，雖然我們周圍的每一個人都有智慧型手機。我的丈夫認定也需要它。然而，那不是真正必要的；快樂不僅僅來自跟隨其他人擁有東西。快樂的起源，有一個內在的定義：我們需要什麼樣的生活與我們需要什麼快樂，若有許多的要求，保證會減損快樂。我的丈夫比我不快樂。我常對我的丈夫開玩笑，他對曾有的願望不高興，然而我幾乎無所求，我感到快樂。他自己買一輛貨車及2020年度Lexus（凌志RX350轎車）；我認為我來駕駛是太大了，他於二月份買它，我未曾接觸它。我覺得，快樂在於你內在的心志，而不是你外在的容貌。

當然，這些不是你過簡單生活唯一需要修行的功課。但最好的一課是你發現你自己（明心見性）。試著這些方法，看看結果——我認為你會發現你自己有一些可愛之處，了解你自己與生活。在人生旅途中，當我們逝去了，不能帶走任何東西；我們應過著快樂的生活與領悟人生。

2.9 友誼的價值

我們人與人之間是互動的；社會關係是重要的，社會關係越認真越好。當我們小孩時，與鄰居小孩交朋友，我們上學時，與同學交朋友；往往，我們最親密的朋友就是我們差

不多同齡的。但有句話，美與智慧的取得來自不同年齡層的朋友，無論較年輕或較老的。

　　有一位我最好的朋友超過90歲。以她的年齡，她認為友誼是快樂重要的要素，但更重要的是讓基本需求滿足及有能力滿足自己的需求。基本需要的滿意及能力的滿意，決定快樂比朋友數量或友誼品質重要。她會變為較快樂，假如她覺得她有能力做她要做的事，及她會成功滿足她的基本需求的話。我老友遇到的問題是真正「成人」的議題，諸如失敗的婚姻（她經歷4次婚姻）、決定人壽保險單或汽車故障等問題。大部分的時間我不了解她的問題，因我有一個正常家庭的生活。當我邀她吃午餐時，我與她坐在一起，僅能傾聽她有關的奮鬥過程及讓她告訴我她困難的地方。她喜歡談論培養她自閉症的孫兒。她羨慕我4個孩子，她看到他們長大，成為優秀的成人，她盼望她的孫子也能像我的孫子一樣好。我們的互動讓我比在事業上賺更多錢還快樂，也讓我瞭解同情的意義。

　　我丈夫持續與他小學朋友的關係已77年多，他們每年仍舉辦同學會。我丈夫都盡力坐飛機回台灣參加同學會，他會打國際電話與他們交談。我們有一位朋友，從1979年我們與他做生意，後來他成為我丈夫同學的朋友，他也喜歡跟我丈夫的同學們在一起。當柯喬治紀念基金會舉辦慰問228事件或白色恐怖受害人及他們家屬的活動時，他成為我們在台灣的職務經理。在2016年舉辦的結果超乎預期地好。所有的參與者要求基金會隔年再舉辦！由於他的幫忙，我們在2017年

及2019年再辦理。當我們最初在路易斯安那契托什開一家名叫「銅屋」禮品店時，他是幫我們從台灣進口銅製品的人。在那時，我們不富裕，僅能向他訂3,000美金的銅器。後來我們知道他是替美國兩大公司作業的經紀商，這兩家公司每週進口兩個貨櫃的銅器，但他仍發送我們小訂單的貨。他沒看輕我們的小單子，幫我們奠定生意的基礎。我們從零售商拓展到批發的生意。他是我們生意的夥伴；當我們業務有更密切的連結時，我們從一般朋友成為密切朋友，而建立更堅強的友誼。當我丈夫回台灣時，他會邀請他參加他小學校的宴會。隨著時光的流逝，生活的點滴加強我們的結合。他成為我們最好的朋友之一，他付出許多努力為柯喬治紀念基金會，一個非營利組織，在台灣樹立好聲譽。

研究人員發現，擁有快樂的朋友能增加你自己快樂的或然率15%～30%，若他們住在你附近，甚至會更高。下次請與快樂的朋友喝飲料或咖啡，談談你的心情吧。永恆的友誼由個人及你快樂的朋友發展而來，也會增進你的快樂。大多數時間，我們會朝著與我們有交往的人前進。所以，和比我們優秀的人們交流很重要。我們擁有這些朋友，將在我們生活中塑造快樂。要結交一些好朋友；在我們餘生中與他們保持好關係，讓他們成為我們崇拜及喜歡的對象。

你喜歡有更多朋友一起出去玩嗎？事實上研究顯示，我們的大腦一次僅能處理這麼多好朋友(BFFS)。是的，真是如此。根據MIT科技雜誌，任何人最好朋友的理想人數，不論那個時間點，被限制只5個。如果我們考慮我們親自或在

聚會看到的人數，我們將有15或50位朋友。你能有150位好朋友及家庭成員。有人有500位熟人，甚至更多。細察你的5，15，及50位朋友，誰是你最親密的朋友們？是誰才能列入你的圈內？假如你要增進你的快樂，你應選擇快樂的朋友做你最密切、最好的朋友。在想吸收大量熟人前，首先要把焦點放在少數親密的友誼上。若你有企圖心，你應選擇比你優秀的朋友，不要浪費時間在無用之人身上；只要你確定他們不能提供你任何支持，這可能是你快速減少與這些人接觸或擺脫他們的時候。

你有太多的壓力要處理，不必要處理你身旁壓力過大的人。你自己需遠離他們以求生存。有時你要把最好的朋友當作你最好的啦啦隊長，但要找出這樣的朋友，他們會讓你感到有能力及有自信，同時也會提供同樣的事給你的朋友們，最終能大大增進彼此的快樂。

我提到的他就是吳滄洲先生，這些年誠心誠意，費盡心血，拔刀相助，成全我的作家夢，在此致上十二萬分感激。

2.10 表達你的感情

在這篇文章中，我將假設你是一位女性，你的另一相關人是一個男性；但倘使你在關係裡有不同於我例子的性別，只要替換適合你的性別就行。

你會感到挫折失望嗎？在你悲傷或生氣或需要一些安慰時，你的伴侶不關注，僅看你一下？這不因他不關心。一項

新的研究證實，科學家長期有所疑惑：男人的頭腦無法連結收集揭示他人感受的微妙面部感情。很幸運地，他們被連接成為問題解決者，所以一旦你告訴他你的感受如何，什麼可讓你感覺更好，例如一個大擁抱或一起聊天，他會高興幫忙，如果你的伴侶是沉默型的，你需要做一些偵查的工作。顯然地，談話是最終需要的。沉默含括缺乏興趣或缺乏腦筋。

有一次，我嘗試配對一位非常成功的台灣精算師，他已40多歲，需要一位合適的女士，這是應他的母親要求。他的母親告訴我，他的孩子很文靜，很少跟她說話及他從來沒有女朋友。在夏天，我去拜訪他及他的父母。他在辦公室裡，我問他有關女朋友之事。他坦白告訴我，他在大學時期有一位美國女朋友，但他認為他母親反對他與美國女孩結婚，所以她離開他嫁給別人了。他不再有任何女朋友。我認為我需要教他如何迎接女士，當他遇上她時。我問他：「你曾經擁抱過女士嗎？」他告訴我他從未。我要他站起來，立即教他如何擁抱我。在討論後，他父母及他邀我丈夫及我到當地最好的中國餐廳閒談。我也告訴他要服侍我。在吃飯的時候服侍一位女士，對男人來說，這是一套中國式禮貌的姿態。在吃完午餐後，我給他一個驚奇的擁抱，他站在那裡，像一個木偶。

有些人長大後不會顯露他們的情緒。倘如你渴求他的擁抱，你可能在你最需要的時候鼓勵你的對方擁抱你，說一些話：「試著擁抱我，你會喜歡的。」或抓住他，在適當的時

候給他一個熱忱的擁抱。開始，他可能感覺笨拙，站在那裏震驚。漸漸地，他會欣賞及了解你多麼需要他的支持。幫忙對方領會他能做什麼來安慰你，對他來說是一件禮物。

　　表錯情馬上會導致失去與對方關係的親密行為。你們雙方之間有不同意見，這是正常的。有時你倆人都保持沉默，僅做你自己的事，讓你的夥伴感覺你不再關心他。在這段時間，你處理這狀況需特別小心。它會繼續或斷掉你們的關係。僅釋出你的感覺到對方身上，那只會把他推離。當你針對他丟髒襪到客廳想發脾氣時，要先深呼吸一下，想你對他發脾氣的真正的理由，諸如最近沒太關心你。若你想得到他的注意，當他進門，你迎接他時，你能這樣說：「你知道，今天我改變我的髮型，你喜歡它嗎？」或許他會冷落你，但要繼續說：「我髮型設計師推薦這款型，我喜歡它。」可能他會注視著你，說些好話恭維你。一個星期一次或二次，讓他知道你的儀表，直到他養成很誠摯注視著你的習慣。很快，你不被愛的感覺將被忘掉。

　　當你的男人做出冒犯你的事，請要技巧地說出你不想要，諸如錯過表演，而不是因遲到而對他大呼大叫。你不要被告訴做什麼或如何做某事；你的對方也不要被告知，他跟你之間有問題時，總是要問你的對象他的想法，給他機會參與決定，讓他知道你需要他的建議，而不是去指揮他。

　　據說母子間健康的連結有助於創造尊敬感，使你的對方受尊敬，積極，支持與愛你。但到了要切斷連結關係時，許多媽媽難放手。如果你遇到一個沒大腦的人，要改變他與他

母親的想法，你最好表達你的感受，並與他討論你置於他明細表上的優先順序，在迫使你與你的人分離之前。

做一位好兒子的男人及做一位過度依戀母親的人之間只有一線之隔。倘使你的男人依賴他的母親替他做每一件事，包括預約醫師，管理財政，甚至替他洗衣服，這時，取代告訴他說你認為這是荒謬的，你應鼓勵他獨立做事，讚揚他在沒有母親幫忙下也能做一些事。

假如你的伴侶對待他的母親像女王般，同時你尊崇他與他母親良好的關係，替他們高興，讓他們在沒有你之下一起度過好時光。他會為此感謝你。你與他母親的關係，就視你而定，與你的伴侶無關，若你的伴侶對他自己的母親說一些負面的話，你不能說什麼。記住，他可以抱怨她，你不能。

你的伴侶會常生氣或遠離你嗎？你應盡快離開，因他會在言辭上或身體上侮辱你，縱使你計畫與你生氣的伴侶在一起，無論一段時間或終身，你要設法想清楚，或與你父母及最好的朋友討論這件事。最重要的是你不要自己下結論。

2010年11月6日，我的朋友要與她的男朋友結婚。這是她男友的第二次婚姻；他與他的前妻於2005年離婚，他的妻子要他搬出他們的房子。我的朋友非常興奮，邀請120位貴賓參加婚禮。朋友們幫忙她插花，並忙於準備招待工作。在11月4日，我朋友打電話告訴我婚禮取消。我感到震驚，聽她說是她提出取消婚禮的。我很驚奇聽到這個消息，因為她的丈夫15年前已過世。她保持與各類型的男士約會，這位男朋友是最適合她結婚的對象。她的男朋友比她年輕10歲。她

繼續告訴我她的男友對她說，他因神經系統失調而住院，所以他們要展延婚禮。我的朋友很憤怒對他大叫，她要取消婚禮並沒聽他的解釋而掛掉電話。我的朋友認為他前妻是停止這段婚姻的人。她回憶幾天前，她男友告訴過她，他的前妻待他很好，且我的朋友問他是否他的前妻要他搬回去住與否。我告訴我朋友，她的男朋友說出住院的事實，同時要她給他回電。隔日，我的朋友告訴我，她的男友沒回覆她的電郵及掛掉電話。她的男友不要再與她有任何關係。我鼓勵她過一陣子送電郵與他交談，給他時間與空間考慮他的想法，他可能會來跟她談話。

　　過了一星期，我的朋友仍沒獲得她男朋友的回覆，她問我應該怎麼做。我告訴她，她的朋友能幫她與她男友溝通。她說所有她的朋友都反對她與她的男友重建關係；他們不願幫她。事實上他們要她放棄他。她告訴我，我是唯一想幫她的人。我遇過她男友兩次，僅跟他打招呼說你好；我沒信心做為調停者。我承諾我朋友會盡力去做。她的男友很有禮貌地回我電郵，告訴我，我的朋友不相信他，說他是一位說謊者，所以她才是打破他們關係的人。我很沮喪，但仍提起精神，要她男友設身處地替她著想，我說我的朋友自己憂慮，並試圖確保他不再生病。經過幾封電郵與她男朋友交談有關我朋友的遺憾事，她想要面對面跟他交談；最後，他同意和她吃飯。

　　他向她解釋，在11月3日，有一些朋友替他辦單身派對，他們嘲弄他陷入婚姻裡會像之前痛苦。他想了又想；他

變得恐慌，在他回家時發高燒。次日他去診所，醫師說他有神經失調的問題，馬上送他到醫院。我朋友告訴我，她遇到她男朋友時，他看起來真的很虛弱與疲倦，所以她相信他是生病的且也知道事實了。她立即因錯誤的行為道歉並告訴他，她了解他對她錯誤的不滿。他們跳舞時，她的男友給她熊抱。他們在2011年1月結婚，他們是一對幸福的配偶，常感謝我的幫忙。

　　爭論是每個彼此關係的正常部分。假如你的夥伴對你生氣，爭論就可能發生。要確保爭論中安全及健康的方法，小心你的聲調，以免說出太刺耳的話。若事情變成太激烈，控制你的呼吸，不要開始說些傷人的話，這並非你本意要說的。

　　永遠站穩你的立場，避免道歉。如果你不是完全有毛病，這肯定也不是好的辦法。在你道歉前，確定是你真正把事情弄糟。假若你的情侶不回你的訊息或回答你的電話，他缺乏溝通的技巧。倘使你做些事使他不安及煩惱，他可能需要一些時間思考策略，然後準備再次與你交談。你需讓他知道，當他準備好了，你願意與他誠實交談。要有耐心，等候他與你談。

2.11微笑改變機運

　　微笑是一條曲線，它能使每件事直截了當簡單易懂。

——Phyllis Diller, *美國喜劇演員及女主角，95歲去世。*

　　我喜愛微笑，即使我內心不快樂。我在眾人之前微笑。當我抱著孫子們時，我微笑並保證這是祖母的愛。在我看到孫子們的笑臉時，我總是感到一種成就感。我於他們出生時抱過我所有的孫子們，我會唱中文的搖籃曲，在搖椅上搖擺，讓他們舒適地睡眠。他們一醒來時，我會裝笑臉。我知道新生的嬰兒不懂得笑。當他們看到你微笑，他們僅反應他們看到的東西。他們分享美妙、免費的微笑禮物時，會讓圍在週邊的每一個人快樂。

　　當我第一次看到第一個孫女時，她僅7天大，我開始寫文章。之後，我寫對於我其他孫子們發生在我身邊的事情，或有時寫我思想的議題。在2011年11月，我的第一本書《銅屋雜集》終於出版。我完成我的夢想，那是我一生中最想做的。

　　我在中文網搜尋微笑這字，它老是告訴我微笑不花錢，但能創造財富；顯然地，它也將會帶給我們機運。我能了解所有的說法，如「微笑是世界上最美麗的語言」。微笑比禮貌更可親，每件事起於微笑。當我們對某人獻出微笑，那個人將會像日出那樣感到溫暖。微笑是免費的，但它們很值得。即使你必須假裝，強迫你自己對她人微笑，至少不知覺地，會影響你的心情。持續長時間的微笑會讓你感到快樂，甚若起初並不高興。如果你期待人們對你微笑，你自己首先

要微笑。大部分人會以微笑回應。這會改變他們與你談笑及待你的方式，隨而讓你感覺對別人更正面。就是說我們不會舉我們的手謾罵對我們微笑的人。嘴唇上揚帶有微笑的人，與人的關係良好，在她的生活中，會有某人願意幫助她。我研究有關微笑，它會創造財富的事蹟，這個故事點出一個人：袁怡平(Yuan Yi Ping, 9/27/1904-8/15/1984)，在日本人壽領域有很高的營業額。

在怡平剛21歲時，他當一位保險的業務員。起初，他沒有任何客戶，他晚上睡在公園的長椅上，他吃人家剩餘的食物，因為他沒有錢租房住及買食物吃。有一天，他遇到公園裡的一位和尚，這位和尚對他說：「假使你坐著面對一位陌生人，你需要有超人的力量吸引那位陌生人；若你沒有能力吸引他，你不會有任何的未來。」他從這位和尚學習，啟發他的個性。當他看到人們經過他附近時，他總是誠懇帶著微笑，有活力的，樂觀的，有自信的。一個富商常從他身旁經過，注意到他的微笑，不知道為什麼像他這一個男人，甚至沒吃一餐正常的飯也可以經常地微笑，所以他決定邀請怡平吃飯，怡平拒絕這件事，同時要求這位富商買他的保險以代之。這位富商是他的第一個客戶。後來這位富商引介更多他的朋友向怡平買人壽保險。怡平在日本被認為是具有「最自信微笑」的人，怡平的微笑是一個奇蹟，它不僅帶給客戶快樂及溫暖的氣氛，而且帶給他自己巨大的財富，以及人壽保險在全世界傳奇的聲譽。怡平曾說：「成功有很多途徑，微笑及信心，是成功的一條捷徑，但它也是你不能缺少的一條

途徑。」

　　嘴在中國人面相中佔很重要部分。嘴窄的人聽從腦的指令，嘴寬的人聽從心的指令，較情緒化，這類的女人容易被壞人所騙。嘴唇下垂的人（看起來像船倒置）常是悲觀的，很害羞，傾向於獨自一人。嘴唇下垂的人也喜歡抱怨，及故意做出一些傻事以引起別人的注意。沒人喜歡這類的人。甚至好運不常與他們在一起，他們在生活中經歷許多的困難，會貧窮，他們的晚年也挫敗。在我一位好友中，我看到這形狀的嘴。她真的生活艱辛，即便她晚年仍然極其漂亮。上翹嘴唇的人（嘴角向上）被認為是樂觀的，他們好交際，每天過著微笑的生活，他們看起來較年輕與快樂。

　　每次你使用浴室或洗手間時，嘗試在鏡前裝殺手般的微笑。藉著緊閉雙唇及抬上嘴角作運動，殺手般的微笑使人屈服。它是緩和的微笑 —— 一個迷人、勝利、美麗動人的微笑。這殊美的微笑，人們覺得有誘惑力，讓你每天越來越快樂，也會帶給你信心與好運。尤有甚者，有微笑的面孔及上翹的嘴唇，它表示你的後半生會帶來財富。對女人來說，你在與男人的奮鬥中將有好運及幸福。

　　某些人開始露出更多的微笑，突然間，似乎每件事情過得順利，我了解到亞馬遜的執行長傑夫貝佐斯(Jeff Bezos)有一副微笑的臉，我認為他的微笑是他成為世界上最有錢人的原因。繼續微笑，我希望有一天你人生將會像傑夫貝佐斯一樣的幸運。

2.12 追求嗜好

　　幾年前，我問我的大女兒有關她的嗜好。她說她非常忙，沒有任何時間找嗜好。我鼓勵她至少尋找一種喜愛的嗜好，這樣在孩子長大及離家後才不會感到寂寞。她的大孩子在2020年的夏天已上大學。她參加網球俱樂部、一個讀書會及養一隻貓消耗時間。我的丈夫嘲笑她變成一位社會女士。因她家裡有網球場及游泳池，她經常喜歡邀請她的網球俱樂部及讀書會的友伴到她家裡來。她的嗜好是好方法，讓她相遇和接近與她有相同興趣的女士。

　　為趕上玩網球的資深女士們，她雇教練教她打網球，幫她啟發網球的技術，這嗜好讓她把時間致力於增進她的網球技巧。因為她花更多時間玩網球，她的技術變得越來越好。她希望有一天她的網球能打得與她的兒子及丈夫一樣好。這嗜好預防她養成壞習慣與浪費時間。有一句老格言這樣說：「閒人的手是魔鬼的工坊。」現在她有好的嗜好打發她多餘的時間；接著她不太可能花費那時間在不經濟或負面的活動上。

　　在我早期的結婚生活中，我不能抽出時間尋找我的嗜好，當時已有朝九晚五的工作，還得兼顧家庭的責任。我的朋友招募我加入台灣婦女協會。它幾乎一個月一次舉辦會議，所以我能與台灣的婦女同伴在一起，從她們學到一些新的技巧，諸如繪畫T恤，製作珠寶和烹飪。於2002年，我很興奮當了祖母，我的朋友要我寫當新祖母經驗的文章。我要

當一位作家的潛意識浮現了。我第一篇文章是CNN報導有關減肥的問題，我把它翻成中文，刊登在台灣人的報紙。從那刻起，我寫了我孫女有趣的行為或我心目中任何特別的想法。

寫作鼓勵我伸張想像力及以新方法看世界。寫作不僅滿足我當作家的欲望，而且使我接觸到一個全面性的台灣人新社區。它使我擴大我的人際關係及社交生活。有一天，我從太平洋時報的前主編收到一封信，說在北加州的許多台灣人喜歡閱讀我的文章。這反饋激勵我，使我感覺有動力繼續寫作。

我的寫作有別於他人的地方，是我探索文章很廣泛。即使我忙於處理許多批發業務，它並不阻止我寫作。我的信心與自尊很強烈，所以我決定出版一本書。《銅屋雜集》的中文版在2011年11月11日出版。它有224頁。書在台灣、香港及美國推銷。直到2020年，它被著名書店Books.Com Co., Ltd.（博客來）推薦為父親節的禮物。對我來說，我的夢想成真比金錢更重要。我喜歡成為作家，自從我六年級生起，共花費我六十多年時間才實踐它。我認為這本書出版後，我用中文寫作已結束，再也沒有寫過任何中文的文章。我忙於寫英文書《穴位赤鐵礦石自療法》，這本書於2014年12月12日出版。

這兩本書出版後，我常停下寫作，但是我丈夫一直要我寫文章投給太平洋時報。我不斷告訴他我沒有時間。就在2014年9月，我二女兒和丈夫Ben Mezrich去紐約及洛杉磯一

個星期，我丈夫及我被請去照顧她的兩個孩子，我丈夫勸我寫些照顧孫子經驗的文章，我認為這是個好主意，所以我在2014年9月23日寫文章寄給太平洋時報。後來我發現前主編就是央求我丈夫要我寫文章的人。在寫有關照顧孫子的文章之後，我開始寫我新發現的熱愛——按摩，給太平洋時報。我有了足夠的文章寫有關自療保健及其他方面的題目。我不敢相信我的第二本中文書《關懷雜集》能在2017年10月1日出版，書有208頁，也在台灣、香港及美國推銷。當我參加台灣人的會議時，我會帶一些書送給想要閱讀的人，以增加我的知名度。

經過多年來，我曾有許多的嗜好及興趣；從5、6歲開始，我唱歌比哥哥大聲。在三年級時，我被音樂老師選為代表全班參加音樂比賽。於7名選手中，我奪第4名。我感到挫折，不再時常唱歌，僅是偶而。我應該知道熟能生巧，但這幾年，我僅寫幾首台灣歌曲。在六年級時，我閱讀比賽贏得第一名，我的老師鼓勵我當一位作家。我同意，我的作文在班上一直是第一。我進大學後，就沒有任何寫作，一直到2002年。

縫紉也是我的嗜好；在我大女兒入幼稚園時，我開始為她縫衣服。她喜歡穿我做的衣服，勝過去店裡買。我丈夫怕我會把縫針掉在地上，若它進入人體，會造成身體的傷害或死亡。我雖不願停掉縫紉，但不能冒險，所以我開始鉤編衣服穿在我兩個女兒玩的洋娃娃身上。

在1979年，我丈夫及我開一家禮品店；我熱衷設計，我

利用我的設計生產T恤、帽子、杯子及珠寶。我們銷售那些東西非常好，我對設計的嗜好，的確獲致財政上的獲利，所以，我們有能力送我所有四個孩子們到傳統私立的寄宿學校讀書，同時我開始再寫作。

在60歲時，我全身有關節炎。我看醫師，他認為這是老化的問題，他不要再診療我。我自己承諾，假使我發現有某些東西能舒緩我的疼痛，我願盡我自己力量幫忙他人。關節炎隨時都很痛，我的內科醫師推薦我看疼痛管理醫師。最後，我的朋友推薦一位針灸師。經過一小時治療後，我覺得我的痛消失了；但最後，它再復發。女針灸師告訴我，針灸只暫時緩解疼痛，我需要持續施作才會有效。我開始買有關穴位、穴位按摩的好處及自我按摩的書。初次自己按摩，我使用木製按摩器，它是我回台灣時買的。後來，我發現赤鐵礦石更有效。我開始贈送兩顆赤鐵礦石，它裝在綠色絨布裡，並指示人們按摩是我的嗜好。

以前，我丈夫是為我們倆做飯的人。在他有健康問題後，我變成廚子；最近我把它當作我喜愛的嗜好之一。我幾乎每天烹飪，不僅三餐，為方便可以冷藏，我也常常做額外的。我認為烹調是一種藝術，你能將原材料變成可口或不好的食物，就像一位藝術家如何畫一張美麗或醜惡的圖畫一樣。烹調教會我耐心與專心，因為這兩個因素是做好美食的必要成分。我烹調越多，我做得越好。當然，我也烹調出不好的食物。我丈夫抱怨我餵他狗食，但是我從錯誤中學習，每次改進或從菜單中完全刪除他不喜歡的那道菜。我試著煮

健康的食物；我丈夫及我都喜歡吃的。通常它是比昂貴餐廳便宜且有較好口味的食物。有一天我嘗試誘我丈夫外食，因為他喜歡吃一家餐廳的辣椒。他告訴我，我的辣椒料理如同餐廳一樣好，我感到驚訝。這使我開心。而且我做了兩道我女兒們非常喜歡的中國菜。我是從我丈夫學到如何烹調這兩道菜的。

我的嗜好是我生活很重要的一部分。他們充實我的日子，給我大大免除一般壓力的生活。它們有意義且正向地改變我的生活，提供我許多的快樂。

哪些是你了不起的才能，可以立即當你的嗜好呢？烘焙？園藝？縫紉？編輯？如果你還沒有這麼做，你應開始思考，至少發展一種你真正喜愛的嗜好，除了整天看電視消磨時間之外。

第三章
要健康

　　健康是人類普遍的願望，無論一個人多富有或有多大權力，健康畢竟是最珍貴的事。但健康僅屬於有健全身心的人所有，若身體生病，就難以完成工作及目標，或享受到我們能看到的禮物，比如一顆大鑽或一輛新車。一顆美麗鑽戒或一輛新車，確實很美，但是沒有良好的健康，你能期待享受這些東西多久呢？那些只是物質——好的物質，是的——但如果健康不良，我們如何能有好心情享受它呢？同時，身體狀況不良，常會導致更差的身體；當腎臟衰竭時，肝臟需執行它的功能，這會導致肝超負荷而衰退。當所有器官失去功能時，人就會死掉。沒人要死，即使想要去天堂的人也不想用死的方法到那裡。

　　人沒有健康不能享受一切。只有身體健康，才能讓我們保持生氣、有活力及不斷朝著快樂成功前進。所以最終，健康是我們生活的中心。

　　心在我們生活中扮演重要的角色，因為許多病只是錯誤想法累積造成的。一半或不足三分之二的煩惱事或疾病都是

我們想像及恐懼的結果。當我有某種煩惱的癥候時，我會上谷歌查病因及找方法按摩穴位，去除疾病。假如問題沒解決，我將去看我的家庭醫師，徹底說明我的問題。有時他也不太了解我的病因，會建議做核磁共振(MRI)。現在我經常從頭到腳趾注意我的健康。

我遺憾在年輕時沒太關心我的健康，讓我的體重從85磅增到145磅。在60歲時，我的膝蓋感到疼痛，所以我去看骨科醫師，看完醫師後，他要護士告訴我不要再找他，因為我患的問題完全由老化產生。許多晚上，我會因慢性病痛而醒來，我認為我和傳統醫學已結束。突然間，我體會我照顧自己的知識有限，所以我需責怪我自己而不是其他人。我決定未來要搜尋照顧好我自己的方法。

在1979年11月，我丈夫及我在路易斯安那的那契托什這小城開一家小禮品店。我們對做生意沒有任何經驗，對我來說，它是超壓力及超緊張的工作。把孩子放下給學校後，十點開店，存貨上架，要及時回家與家人吃晚餐。安置孩子上床後，我需熬夜為商店訂購產品。它是挑戰的，僅賺小利，我得努力使業務運作順利以避免倒閉。

我的健康走下坡後，我開始珍惜我自己的生命，透過健康的方式，優先自我保健，諸如給自己按摩，沉思，調息運動，飲食正常，運動或走路。我很幸運找到赤鐵礦石按摩消除我的疼痛。因我曾經頭痛過，我了解別人的苦痛，我要分享治痛的方法及我從經驗中取得的一些資訊。

現今，人們除了工作，很少有歡樂。最後，財富僅是人

們習以爲常的生活事實，當人們回憶起一生，他們了解所有的名聲和他們引以爲傲的財富，在人生的盡頭時已失色，變得沒意義。

當我們累積足夠的財富滿足我們的一生，我們應該追求其他與財富無關的事情，這些事情更重要，或許是關係，或許是藝術，也或許是較年輕時的夢想。

我們在一生賺取的財富不能跟我們一起走。那是事實。財富會跟隨及陪伴我們，給我們往前走的力量和光明。但生命是無限的。去你要去的地方，到你想要到達的高地。這全在我們心中，也在我們手上。失去的物質能再找到，但一旦失去而不能找回的，是生命，

我完全同意財富眞正的意思是健康。身體健康是我們能給我們自己最好的禮物，這正是拓展我們健康知識的時候，付諸行動吧！我希望你會享受閱讀這章內容的樂趣。

3.1 沉思／冥想

75%到90%到診所就診的因素是與壓力有關的疾病及抱怨。壓力對這些問題有關係，如頭疼、高血壓、心臟問題、糖尿症、皮膚病、哮喘病，關節炎、抑鬱及焦慮。慢性壓力被發現會演化成阿茲海默症的發展，又最近的研究顯示，較大的壓力可能是一些婦女的腦齡比男人較早熟的原因。

假如我告訴你有自然療法而你能免費取得，且應每天做，它將對你減少焦慮有重大影響，也更能滿足你的生活，

你願意嘗試這療法嗎？這神奇的療法是存在於這世界上的。它是沉思／冥想。沉思是訓練心寧的方法，類似健身是訓練身體的方法一樣。每天兩分鐘的沉思訓練，將有下列短期的效應：

降低血壓，改善血液循環，降低心律，少出汗，呼吸頻率減慢，較低的皮質醇水平，更多安康感，減少壓力及較深度放鬆。

要初學者僅僅坐一分鐘不想任何事情或「放空心思」是極為困難的。有許多沉思的技巧。一般開始沉思最容易的方法是集中在呼吸（吐呼氣）。因為專注在心寧／頭腦上對我是一個挑戰，我選擇專注沉思，聚焦在你要專心的單一意念上。確認你對它的意思有全然的了解。當我在早上醒來時，我喜歡唸這咒語「我要寫我的英文書」至少兩分鐘，並在晚上睡覺前，改唸我的咒語為中文「放空心思」(empty mind)。現今，因我先生有失智症，當他一而再地問我同樣問題時，我有咒語「冷靜下來」(calm down)。

專注沉思，你能試著凝視蠟燭火焰，傾聽重複的鑼聲，算喇嘛上的珠子，或寫你自己的咒語。一句咒語，只要你完全相信它背後的理念，將對你有很大幫助。一句咒語，能幫你消除騷擾你的意識，或減緩你的大腦對其他事情的擠壓。確認你從對你有意義的一個字或一句話開始並且有目標，例如「和平」、「愛」或「快樂」；以及保持咒語在10~15字的短句。比如，我擅於寫中文書，但我需用英文寫，所以我的咒語是「我要用英文寫我的書」。你應要知道，當你在沉

思時，你想要完成什麼，並專注對你很重要的想法或理念。重複是關鍵，因為咒語的最終目標是阻擋外在的世界；你背誦及專注咒語越多，潛入到你的意識中就會越遠。沉思過程結束，你會感覺輕鬆，心平及快樂，比你開始做之前更好。

在佛教哲學裡，沉思／冥想的最終收穫是心靈從附著在不能控制的事物中解放出來，諸如外在的環境或強烈的內心情緒。各行各業的從業者不會再隨欲而行，取而代之的是保持寧靜的心及和諧感。

如果你做我上面所提的這些方法，仍發現難以集中精神，不要為難你自己。以下的練習對沉思／冥想有很好的方法介紹（4法）。

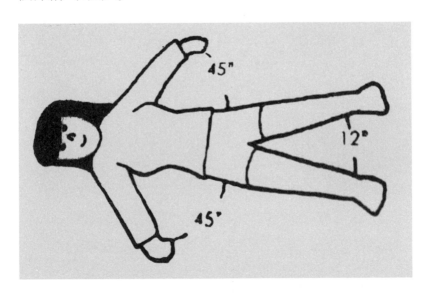

1. 舒服地坐著或躺著。對我而言，我較喜歡以瑜珈攤屍式（死人姿勢；中文稱為「大休息」）躺著。這

姿態，你躺平你的背，兩腿分開至少12英吋，手臂伸離身體旁邊45度，你的手掌朝上，手指輕微張開，你的頭、肩、手及腿要放輕鬆，你的眼睛閉著及臉露出微笑。坐或躺著要靜止無聲，心裡唸著咒語「靜下來」(stillness)。要求你自己平靜與輕鬆，焦點放在定靜。在開始的時候，你的頭腦會因焦慮、欲望、憂慮、外在的噪音及難聞的味道所打擾。你可能感覺一組跳躍的小野馬般在你的腦袋裡。你會發現這情況會慢下來，因你持續唸著咒語「靜下來」，假如你繼續保持心理的平靜與輕鬆面對內在的噪音，你學會不被屈服。首先，試著坐下來完全不出聲一分鐘。倘若這進行順利，增加到兩分鐘，然後試著較長時間。經過幾天的練習，一些人會比其他人長久。你會被解除生活的焦慮，未來的煩惱，過去的憤怒，今天的分心。你感覺疲倦時，你應立即停下來。你能嘗試做這個練習，無論何時，無論何地，你準備好再做它。身體上的定靜導致內心定靜，這是朝向成功沉思／冥想練習的重要訓練。你越定靜，你沉思／冥想的能力就越深入。

2. 你覺得你已熟練定靜了，閉上你的眼睛。如果你怕睡著，你能凝視蠟燭的火焰或白牆。集中你的注意力在呼吸上。首先，當你吸進氣，你在沉默中有咒語「進」；當你把氣吐出，你在沉默中有咒語「出」。倘

享受人生

若你發現你的心寧很容易迷惘，當你開始沉思／冥想，在你把氣吸入時，可對自己說「進」，在你把氣吐出時，說「出」。每逢你發現心寧再迷惘時，聚精會神呼吸。這反覆練習會穩定你的心寧。

3. 幾分鐘後，你不需要「進」及「出」的咒語；你只要集中在呼吸上。隨著你的呼吸，你會注意到身體上的移動。觀察你的胸部，肩膀，肋骨及腹部。在這時候，你的思想容易游離去想其他的事情。再集中你的注意回到呼吸上。若有必要，默唸咒語「進」及「出」幾遍。這能訓練你的意識及自我控制。

4. 理論上，你應在早上沉思／冥想，以便準備白天的挑戰，或在晚上做，使自己平安入睡。設法在白天的同一時間調合，用能帶給你歡樂的任何東西來美化你沉思／冥想的世界。短期間的沉思／冥想比延遲到第二天要好。

沉思／冥想對全球數百萬人有正面的效果。假如你設想對抗壓力及不快樂，關閉你生活中戰鬥或逃亡（戰—逃）的模式，沉思／冥想將是你免費的良藥。選擇你自己的方法，改善您儀式的習慣，直到你完全對新的心態有信心，你強有力的意志將導引你達到目標。

3.2 改進你的形象

做為一個女人，當我們年輕時，我們要當每人的夢中情人。當我們老時，我們夢想看起來是超乎意外的年輕。沒有人要被說她們看來比實際年紀大。假如你已結婚，你不要成為把年紀寫在臉上的太太。

超過50歲以上的著名女星們有一些方法保持看來更年輕的容貌；每一位女星都有嚴格的飲食計畫，要維持她優越的狀況，要做間歇性的禁食，所以她早上不進食，但這不被營養學家所推薦。一位53歲前超級模特兒，有好身材是大多數20多歲的人所渴望的，她常有健康零食在手上，所以在她的包子裡一直有杏仁；我們也應該這麼做。杏仁零食已被證實可減少飢餓及食慾。不管堅果的脂肪和熱量高，是非常健康的，因他們富含營養及抗氧化劑，它能保護我們身體，預防心臟病及糖尿病。此外，吃堅果當零食會增加飽食感，導致少吃其他食物。

一些女星們吃許多東西但有節制。我喜歡好的食物，諸如麵食，上等肋骨牛排，南方教堂雞，炸魚及賭場自助餐的各種點心及冰淇淋。我不相信自抑，它對我只會有反結果，因為次日會吃更多。我試著吃八分飽。我不喜歡運動，但我必須結合飲食、散步或按摩，使我在丈夫或朋友之前看起來好看。

老化不可避免。當我76歲時，我常向人開玩笑說我67歲，沒人相信我。在我嘗試經機場安全區沒脫鞋時，安全

人員叱責我。我告訴他我76歲，他仍不相信我，直到我秀給他看我的駕駛執照。在2019年，我回台灣時，我所有朋友們羨慕我看起來怎麼比以前較年輕；我告訴他們我使用木製按摩器，幾乎每天按摩我的臉，有時無事做，一天按摩2次至3次。

我們的臉骨會因老化而改變，使我們看來較老。有時浮腫或有水份存留，使我們的臉看來較寬闊，我們要設法保留天然的結構及臉部之美。幸運地，有許多方法可維護年輕的面貌。我要鼓勵女士們使用木製按摩器或赤鐵礦石免除恐懼，甚或受老化的壓抑。

早上我先用溫水洗臉，後用冷水；這會調和與緊縮臉上的毛孔。我通常在我的臉及頸部抹上保濕乳液。我使用木製按摩器或赤鐵礦石按摩我的額頭、眼睛、鼻子，全臉部及頸，以防止火雞脖子。我將在另一章談如何操作。但這一章，我提一個特別穴位，TB-17翳風，它是在耳垂的後面。輕微張開你的嘴，用你的第三手指，在你耳垂的正下方找到一個凹陷，使用赤鐵礦石尖端，先在左邊按摩36次，然後換右手邊。這按摩會調節臉部肌肉，改善血液循環，除去浮腫及積水，緊縮臉上的皮膚。每天晚上，我在睡前洗臉，塗抹抗皺乳液，再按摩。對我臉上的皺紋，我使用赤鐵礦石的尖端，以垂直方向按摩。

我在鏡前化妝和做頭髮，不花費很多時間。我只有在屋內閒逛時不化妝，僅濕潤皮膚。為在特別活動要顯得好看，諸如與台灣朋友的農曆新年派對，我使用遮瑕膏遮蓋臉上

的皺紋及黑斑。我先打底，然後粉貼在我蘋果般的臉頰上，再用粉色腮紅融合在一起，這對我是最好的。我只是選貼前額、臉頰和鼻子，以致它看來像混和在一起。我很少塗黑色睫毛膏。如果是這樣，我加上兩次到三次塗層，讓每一塗層在施作間乾燥。大多數人懶得那麼做，這是為什麼他們在睫毛上有結塊睫毛膏的原因。我使用黑色眼色筆，我從未畫眼圈，因為它會使眼睛看起來較小，我從眼瞼的中央刷眼線到眼的外角，又拿起鉛筆畫在角邊，使眼睛看來清醒與分明。我幸運我能依所穿的衣服畫綠色或藍色的眼影。晚上我會使用較薄的棕色影子在我眉毛下，畫我的眉毛像瑪麗蓮夢露的輪廓。

　　2015年8月12日，我閱讀一篇有關穿金衣女士的文章，Adele Bloch-Bauer的畫像。它是Gustav Klimt的畫作，於1903及1907年間完成，現在於紐約Neue畫廊展出。我對她臉上塗有紅色口紅的可愛小嘴唇感到印象深刻。它使她成為傑出的美女。我決定買紅和深紅的唇色。我覺得它跟我的黑髮及眼睛非常適合。我將先使用鉛筆襯裡在唇上，然後用紅色唇膏填上。下唇的形狀應要比上唇較大。對我的化妝，我接受許多的恭維，但我很少每天這樣做。我通常在我的包包裡備有唇膏、眼線筆、一支眼影及一個小鏡，以備需要在最後一分鐘補妝時使用。甚至我僅畫眉，留眼影及唇膏在我的臉上，飯店櫃台女士告訴我它看起來很美。

　　對我有效的東西不一定對他人有效。我認為最好的事是提供給人們嘗試，看對他們最適用的是什麼。盡量使用外面

的東西。一天至少喝8杯水（總共64盎司）。它幫忙保持皮膚清潔和滋潤，減低可能要開始形成的皺紋。常要服用維他命C補充劑，每天約1,000毫克，加入膠原蛋白，保持皮膚年輕有彈性。我愛睡覺，它確實有幫忙。我喜愛我做的一切，我很高興寫作及個人生活。

在肺炎大流行前，如果我認為頭髮不好看，我幾乎一個月染一次頭髮。我現在怕上髮廊。我不染頭髮，你能看到我的白色髮根。最後，我的丈夫建議我應保持自然髮色。在2020年11月，我決定要讓髮色無拘束的生長，且要我的髮廊女士剪掉我頭髮尾端的黑髮。我不能告訴你享有自由的感覺多美好，每一個人喜歡我白色的頭髮。在肺炎大爆發之前，我一週上髮廊一次。之後，我不致力維護我的髮型。我保持沒染色白短髮，白色或黑色剪短的原因很簡單：長、灰頭髮看來真似「巫婆」，讓你看來好像不努力與毫不在意。白色或灰色頭髮稍留長一點，看起來好看，我選擇Ashley Simpson's僮僕式（髮長及肩，後端向內捲曲）的剪法。肺炎大流行後的2021年5月22日，我第一次與台灣的朋友相聚，他們羨慕我看起來較年輕。

當你認為你看起來恐怖時，照看鏡子；你以工作面試或會見客戶的大候選人身分來察覺你自己？如果你對你的溝通技巧有疑慮，你應去上課或閱讀書本改善你的形象。藉適當穿著，注意你的形象，也要有適合各場合穿著的衣服（櫥）。對男士，至少一套深色的西裝是必須的。倘使一個人需代表公司與其他高級行政人員參與正式活動時，他只

穿襯衫打領帶，不要穿夾克，他會像伸出大拇指那樣突出。對女士，一件簡單的黑色禮服及一些看似眞珠的東西就足夠了。假如你預算有限，買單件東西代替基本的黑白禮服再加上紅或橘色裝飾配件，寧可花費較多錢買配件，不要買衣服，因爲衣服的流行來來去去。若你買有特色的腰帶，你將永遠享有它。

　　現在你若是知道禮節的規則及其他社交技巧，你在任何情況下將會有自信。你從外在到內心將會有信心。美是好的健康及幸福；極致顯露在你的皮膚、眼睛與頭髮上。創造新的形象，所以你是有吸引力的，在你的生活中受人所愛及容易受支持；然後你的身心將會比以前更健康。

3.3 療癒石頭—赤鐵礦石

赤鐵礦(Hematite)取自希臘字根Hema表「血」之意，因其顏色而得名。赤鐵礦的顏色範圍幾乎從黑色到銀灰至血紅。一般來說，赤鐵礦包含70%的鐵礦及30%的氧，所以這個石頭是氧化鐵的細密組合。天然的赤鐵礦稀少而且昂貴。我贈送的橢圓形赤鐵礦石由磨碎的赤鐵礦片及灰塵製成並磁化（天然赤鐵礦不能磁化）。這個磁化的赤鐵礦石比天然赤鐵礦更強有力。

赤鐵礦做為療癒功能的石頭，可回溯到古埃及人。在古文明，它用來促進血細胞的形成並排除身體的毒素。據說可保護配戴人重要的能量及使用它的磁性，刺激小腸裡對鐵的吸收，因而可改善身體氧氣的供應，也能維持神經細胞的自然電荷，因而減少痛苦；增進治療的過程；強化免疫系統；改善睡眠品質；舒緩手、手腕和手指的不適。總之，能增進身體的能量。赤鐵礦石也能療癒緊張頭疼、輕度偏頭痛、血液疾病及歇斯底里症。我自己印證它的療癒能力，也從我追隨者的經驗得知。這個磁性赤鐵礦石可以被使用直接按摩皮膚，僅很少比例會造成發炎。先試用它，倘使有發炎問題，就不要再使用。

2009年3月，我的內科醫師發現我的紅血細胞計數比標準高。婦女很少感染這種疾病，每年僅十萬分之1和2的人會得真性紅血球增多症。我感到無助、沮喪與害怕。突然間，我記起我朋友出售各種赤鐵礦石珠寶，所以我買一條項鍊、兩條手鍊，甚至一條腳鍊來戴。當時，我的內科醫師決定安排我看抽血醫師。2009年5月1日，我去癌症中心訪晤一位女

醫師。她要護士抽我1,000 CC的血。幸運地，我沒昏過去，因為我怕針插入身體抽我的血。2009年6月5日，我回去檢查。我的驗血正常。2010年2月，我的紅血球計數也正常。我相信赤鐵礦石首飾幫了我。

2010年10月，我朋友給我一顆2.25英吋（5.7公分長）的橢圓型赤鐵礦石，同時告訴我它會帶給我能量，只要我放它在我的口袋裡。出於好奇，我確實使用它按摩我的肩膀痛及背痛。一小時內，我感受效果。我印象非常深刻；於11月底，我從朋友處買一些赤鐵礦石。我送它給我髮廊的女士，因她會偏頭痛及腳跟骨刺。當我問她有關她健康的問題時，她說她不需要做足部手術了，她的偏頭痛也減少了。她認為赤鐵礦石是一種療癒的石頭。

我的朋友有頭痛毛病，他於2010年4月花美金56,000做腦部手術後，仍未康復。當我丈夫與我及一些台灣的伴侶們參加每月的餐會時，他全然說不出話來。他很寂靜地坐在那裡；有時他自己甚至須找藉口提早離開，因他須吃藥。我丈夫總是對他感到非常抱歉。2012年12月18日，我給他兩個石頭，指示他一些按摩穴位。他的妻子告訴我們，在使用這赤鐵礦石後，他丈夫開始會說話及微笑了，所以他丈夫決定請我們吃飯。

2011年1月8日，我們與這對夫妻及其他兩對相聚吃飯。我開玩笑說我從現在起，將永遠能獲免費的餐點，因為我的朋友很快樂，他會再講笑話。我的丈夫也為他感到高興，但是我丈夫仍不相信那種赤鐵礦石的療效。我的朋友承認，起

初他不相信那些石頭，但他感覺頭隨時會爆炸，這迫使他使用它們，並且感覺好多了。當他開車上班時，開始按摩他的臉及頭，他塞石頭於枕頭下，在他感到疼痛時，拿出來使用。所以我開始在睡覺時也握石頭在我手上。

2011年2月25日，我遇到我朋友，問他情況，他說他不再每天按摩兩小時，僅是偶而在病痛又來時，但很少。我相信他按摩經絡(meridians)及頭上穴位，並給它們必要的調整，使他身體的氣(chi)順暢地流動。

我的朋友介紹赤鐵礦石給他的朋友，我感到非常興奮。對於這新發現的止痛藥，我寫一篇有關他如何舒解疼痛的文章刊登於一家台灣報紙。讀者們問報紙的編輯要我的住址，也要從我處買石頭。我免費送一套兩個赤鐵礦石，以綠色絨布袋包裝給他們。

2012年4月7日，我開始贈送一套兩顆的赤鐵礦石；兩天內，我送出35套。賭場的女士是其中一位受贈者；她學如何使用赤鐵礦石，她是一位信徒，變成我最好朋友之一，也是這本書的一位編輯。她現在是路易斯安那麥克斯維爾一家Paragon休閒賭場的貴賓代表。

我其他的好朋友Stanley Sun（孫獻祥）先生及太太從這些石頭獲益良多。孫太太（吳春紅）的膝部曾手術過，但仍會疼痛。當她回去看外科醫師時，他告訴她，不再有方法可治療。我要她拿赤鐵礦石一試。令她驚奇地，她按摩膝蓋幾次後，不會疼痛。當我投宿在她家期間，她閱讀自助穴位赤鐵礦療法，並與我討論。2020年3月1日，孫先生電郵給我，

他是一位地質學家，清楚地向我解釋赤鐵礦石。他叫赤鐵礦石是紡錘，以下是他的電郵：

　　我真正感謝你給我指示赤鐵礦／磁鐵礦棒對健康的好處。事實上，你給我這包紡錘後，我不太在意，並把它擺在一邊。一段時間後的一天早上，我起床，發現我右手的食指及中指不能彎曲，關節疼痛。所以我知道我患關節炎了。我覺得老年的徵兆終於到來。我想到你的赤鐵礦／磁鐵礦棒治療並試它。令我驚奇的，我使用棒子摩擦我的手指許多次後，次日，疼痛消失了。自那時起，我持續摩擦我的手指，病痛不再發生。所以我知道磁化治療真地有效。

　　因為年紀越大，更多身體疼痛的問題出現了。當我們正計畫搬至目前的退休安置所時，我很努力工作，搬盒子及家具，並準備出售房子。我掉了10磅，由於舉重物，背部疼痛。然而，我再想到你的赤鐵礦／磁鐵礦棒；我使用這棒摩擦我的背，這個地方疼期大約有一星期，後來病痛消失了。多麼激動！此外，我開車在路上約半小時多，我感覺手臂麻木，有時一邊，有時兩邊。我再開始使用棒子摩擦我的手臂，幾天內疼痛消失了。現在更多病痛在每一個地方發生。顯然地，當我用力打網球時，我右臂開始有肌肉痙攣的現象。甚至我在看電視幾小時後，痙攣不會停止。這非常令人不安。所以我使用棒子摩擦幾天，

痙攣再也不見了。我仍然爲USS大黃蜂博物館工作，每個星期一次，在禮拜四。有一陣子我回到家時，我的兩邊腳踝開始疼痛，因我在導覽時，上下爬許多梯子，很多次。這事發生了幾週，之後我再使用棒子摩擦我的腳踝，恢復痊癒。在冬天，我的腿有抽筋的情形，使用棒子來摩擦也非常有效。因爲如此好的經驗，現在早上起床還躺在床上時，我用棒子幾乎擦遍全身。我非常喜歡這種治療方法。

我聽過昂貴的磁性帽子、襯衫、褲子、襪子及毛毯在日本出售給病人來治療疼痛。在那意識下，你使用磁棒來治療較容易且較便宜。我已在引介這種療法給我們台灣老人群及送他們磁棒。

在我們退休的社區中，我已經送5套棒子給白人朋友，不索求任何捐款。這主要在引介疼痛治療。我發現大部分的老人有常看醫師的習慣。一些外科醫師不計後果，喜歡做外科手術。依我的意見，人要避免外科手術，要採非破壞性的方法解決問題。我會一直引介你的磁石紡錘治療，看我能走多遠。

我曾向你提過赤鐵礦沒有磁性特色，然而磁鐵礦有強力的磁性。你曾出示我一個赤鐵礦石——磁鐵礦石棒是從它製造出來的。我相信磁鐵礦石棒是由你給我的一個赤鐵礦製成的。赤鐵礦能經由鎔火程序變化成磁鐵礦。赤鐵礦的分子是Fe_2O_3（三氧化二鐵），它含有$Fe(3+)$離子。磁鐵礦的分子是Fe_3O_4（四氧

化三鐵），它含有Fe（2+）及Fe（3+）離子。在鎔
火的過程，當然它能從赤鐵礦中的部分Fe（3+）離
子還原成Fe（2+）離子成磁鐵礦，具有磁性。在你
出版的書中，你説明棒子爲赤鐵礦。所以在你未來出
版的書，我建議提示這棒子爲「赤鐵礦／磁鐵礦」，
它能涵蓋這棒子來自赤鐵礦石及其磁性來自磁鐵礦。
鐵礦是一種氧化鐵的礦物，它有獨特原子結構排列，
因它本身是永久性的磁礦，不是被磁化的。

　　對於如何使用赤鐵礦石，我曾在Youtube做一個影片，
你在那裡可以看到我自己按摩的方法；你在Google看到「富
美陳-Youtube」的標題，你只要按摩疼痛的地方。那是使用
赤鐵礦石最簡單的方法。所有按摩從左（陰）邊開始，除非
你右邊受傷比左邊重。假如你超重，按摩穴位要用赤鐵礦逆
時鐘圓周移動；否則按摩要以順時鐘圓周移動。甚至，若你
僅把赤鐵礦置於疼痛的地方幾遍，它也會解除你的疼痛。

　　在這本書裡，我僅述及一些穴位，沒有論及其他有關議
題，諸如生命能量（氣）、穴位及反射療法，因爲你能從我
其他的著作《穴位赤鐵礦石自療法》獲知。

　　假如你懷孕或有電子醫學移植物入體，例如心臟起搏器
（律定器）或胰島素幫浦，請不要使用赤鐵礦石。假如你感
受到刺激或有發炎現象，也請不要繼續使用。它須遠離電腦
硬碟、信用卡、錄音及錄影帶、磁碟片及其他電子裝置。因
它可能會干擾有磁性的徽章及時間記錄卡。它不應放在裝電

池的手錶旁。一位女士告訴我她的錶針不動，她發現是她把
赤鐵礦石放在錶的旁邊。

3.4 提供健康的穴位

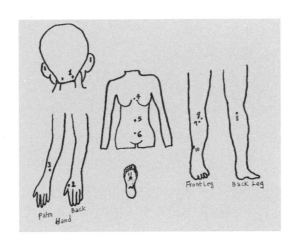

中國人對Chi（發音為氣）的概念，在英語或歐洲語
言中沒有並行語。大部分的文化有它的名字—希臘語叫
Pneuma，希伯來語叫Neshamah，梵文叫Prana及日本人叫
Ki。中國思想中，氣的基本概念常被譯為「能量」、「生命
的精髓」、「活力」或「生命力」。這看不見的力量，代表
生命的本質，它循環在宇宙中。生物有氣；無生物沒有氣。
它支配天下事，生命的能量一樣適用於恆星及行星，以相同
方式運行在人類系統中，與它在太陽系中運行一樣。

人體的氣是藉著呼吸及飲食而造成的。在我們身體上，
體內的脂肪與氧氣結合而產生二氧化碳及水。二氧化碳的排

出，大部分在呼吸中。我們不僅需要了解我們喝什麼，吃什麼，而且需要知道如何呼吸。我們應該用好的呼吸習慣充滿我們的生命。

我們要健康，生命的能量在體內沿著特定的管道自由地循環，這就叫經絡；阻塞這些經絡會造成疼痛及疾病。假如生命的能量不足或不平衡，失序現象及疾病應運而生。倘使能量崩潰，身體甚至可能死亡。

本書中經絡的略號（縮寫）是BL=Bladder（膀胱），RN=Conception Vessel（任脈容器），DU=Governing Vessel（督脈血路），GB=Gallbladder（膽囊），H=Heart（心臟），K=Kidney（腎臟），LI=Large Intestine（大腸），SI=Small Intestine（小腸），LU=Lung（肺），LR=Liver（肝），SP=Spleen（脾），ST=Stomach（胃），PC=Pericardium（心包經）及TW=Triple Warmer（三焦經）。

即使肝經是在標準範圍的低功能末端，且腎臟經不能正常運作，脂肪將會儲存在身體的組織內，尤其在腹部、臀部及大腿。有數百個壓力點。當這些點被按壓時，他們釋放肌肉的緊張，促進血液的循環及身體生命力。甚至連女演員也相信針灸能安撫她的焦慮，保持她血液正常流動以及肌肉放鬆。這本書強調赤鐵礦的療癒，所以我僅提示我在練習及治療的穴位。

赤鐵礦石針壓法是藉赤鐵礦石推壓身體特定部位的針壓點（穴位）。穴位都有它們特定的意義。點的名稱一般是用縮寫的經絡名稱及點的順序編號表達。

你身體的有些穴位是直接與你頭腦的飢餓中心有關，將會阻止吃東西的激動，諸如穴位ST-36足三里或腿三里，及BL-40委中。其他穴位幫忙消化系統順利地運行。一句話警告——自行穴位按摩不推薦給孕婦或胃病的人。

　　在中國解剖學上，英吋（寸）被使用在針灸，在這本書裏也是用傳統尋點定位方法的必要部分。以下11穴位是最有幫忙及常被使用在我的健身活動。在這本書裏，找穴位的方法是靠你手指的寬度。每人不同，有人圓胖，有人細長，有些人高，有些人矮，有些人手指長，有些人手指短。我提及一節手指，它就是你大拇指的寬度（1吋）。兩節手指寬（2吋）是以食指加中指在一起。三指寬（3吋）是你食指、中指加無名指一起。四指寬（4吋）是你食指、中指、無名指加小指頭在一起。找正確穴位需要練習。當你找到正確的穴位，你會感覺能量釋放出來。有時當能量達到它的意圖，你會感到溫暖。大部分穴位不必很精確使他們運作，如果你抓不正確，你可抓到其他穴位。一些針灸點位於主要肌肉群之下。骨骼結構附近的穴位位於凹入處，肌肉點位於肌肉索、帶及強力節之間。為了刺激穴位，我建議直接在肌肉索上或入每個需要穴位的凹處按摩，一天兩次，早上一次，睡前或晚上一次，每次一至三分鐘，或至少轉三十六圈。

　　學習使用赤鐵礦石，透過穴位來治療你自己是一個簡單的過程，它不僅提供快速解決你瞬間的病狀，並且提供長期及永續的解決方案。過去，透過我自己使用穴位按摩治療的經驗，我發現只要經常刺激11個特定穴點，人們大多能體驗

到重大的健康效應。對特殊健康有關的，最好也讓臨床醫師考慮其他的問題。對絕大多數的人，只要對11個點一星期幾次按壓，就能對神經系統及全面健康提供實質的幫助。

接著的項目是11穴位按摩點的說明及圖片的連結，這些是我建議大多數人使用一個或兩個赤鐵礦石刺激他們，以促進及維持良好、整體幸福感和健康的方法。握住它們像握住鉛筆，順時鐘旋轉至少36次或72次，至多108次。

1. GB-20, Feng Chi（風池）意識之門
   位置：頭蓋殼底下界於兩垂直頸部肌肉之凹陷處。它位於頭蓋骨的後面，與頸部相接。
   效應：非常有力道的穴點，助於舒解關節痛，頭痛（包括偏頭痛），暈眩，頸部僵硬，頸痛，神經運動協調問題，眼睛疲勞及激怒。

2. LI-4, Hegu（合谷）連結山谷，鄰接山谷。這是對大腸很重要的穴位。
   位置：經絡位於大拇指與食指突出的肉丘之間。壓住左手掌，手指伸直。張開大姆指及食指。用你的右拇指用力深壓這穴位。按摩的方向，沿著手腕強力往上移動，反方向較輕力。
   孕婦不要按壓此穴位。
   效應：這是運氣（主要的能量）最強的穴位。按摩這點能強有力地舒解頭痛，喉嚨疼，面部水腫，

腸道不舒服，口型偏差，呼吸不順暢，皮膚病，牙痛，手麻，疼痛及肌肉緊張。它能幫助身體上、下部間能量流動的平衡，它也被用來防止便秘及高血壓。它也能排肺部之毒。

3. PC-6, Inner Gate, Neiguan（內關）

位置：在手腕線的中間，從手腕橫紋與手相交處向下約三指寬。

效應：這平靜點藉著打開胸部安定心臟，它幫忙減輕焦慮或呼吸困難。改進心臟功能；防止心臟血管的疾病，諸如心絞痛，胸悶；胃痛，噁心，暈眩，暈車，嘔吐，打嗝及腹瀉；鎮定心寧；促進晚上較好的休息品質。

有助於預防憂鬱症，精神障礙，防止腦中風及調節血液膽固醇。

孕婦害喜嘔吐也可按壓此穴位。

4. REN-17, Chest Center, Tanzhong（膻中）

位置：在胸部前面的中間線上，在第四筋骨空間的水平線，在兩個乳頭之間的中點。

效應：它釋放緊張的心臟，連結你身體及生命的其他部分。它也是解決焦慮與恐懼很好的穴位，更有助於胃酸回流。為刺激這一點，使用一個赤鐵礦石輕壓在胸骨的上端，往下4吋到第四筋骨的空間按

摩，這個地方在胸骨中有一個小谷道會感覺到，它是膻中。輕壓這穴道，嘗試用赤鐵礦石繞小圈3~5分鐘。然後把你的手掌放在這穴位上，直到感到舒服及正常。在這時間中，把你另一手掌置於你肚臍下約2吋的地方，放輕鬆。

5. REN-12, Center Venter, Zhong Wan（中院）
   位置：在腹部中央，肚臍上4吋。假如你感覺腹脹，消化不良，腸道有氣，或沒食慾，輕揉按摩這穴位或僅放你的手在這部位即可。
   效應：它能滋補胃與脾，除濕氣及調節胃氣和與壓力有關的消化不良（緊張的胃，胃灼熱，腹瀉）以及各種症狀，諸如嘔吐，消化不良，失眠和焦慮，尤其憂慮或煩惱。

6. RN-4, Guanyuan（關元）
   位置：肚臍下四指寬
   效應：排尿問題諸如頻尿，尿留滯，脫腸（疝氣），月經失調，婦科感染，產後出血，腹瀉，下腹痛，及消化不良。

7. ST-36, Leg Three Miles, Zusanli（足三里）
   位置：膝蓋（膝蓋骨）外側「眼下」四指寬，脛骨外側約一指寬。當按壓這地方時，你應會感到觸

痛。

效應：如果你覺得疲倦，免疫力下降或消化不良，或單純想要提升全身活力，適度緊壓，維持約一分鐘。這穴位是提升氣場及全身血液最有力道的點。它舒緩腹痛及所有消化的困擾，包括脹氣，腹脹，噁心，腹瀉及便秘。它可減少因糖尿病引起的厭煩感及乾渴。它享得其名，是據說如果你疲倦，不能再走路，刺激這一穴道將容你再走三里路。它給人額外的能量多走幾里路。跑步者及徒步者使用這穴道以增進持續力與耐力。這穴位增強免疫系統，以長壽著名。

8. BL-40, Bend Middle, Weizhong（委中）
位置：腳外側踝骨中間和膝蓋後方的中央凹陷處。
效應：減少黏液及充血。因超重產生疲勞與腳腫，按壓此穴位後消失。這是傳統中醫學裡最好的穴位，可去濕化痰；它對削減超重很有幫助。

9. GB-34, Yang Mount Spring, Yanglingquan（陽陵泉）
位置：在膝外側之下，腓骨小頭前下方約1吋壓痛凹陷中。當腿在膝處彎下時，這穴位可在腓骨小頭前稍下方前凹陷處。
效應：加強膝蓋、關節及臀部。緩解下肢疼痛、消腫。疏散肝氣及調理肝膽。

10. SP-6, Three Yin Intersection, Sangyinjiao（三陰交）

位置：內踝骨尖端上方四指寬（不包括拇指），在小腿下部肌肉的柔軟區域。

效應：增強脾與肝及腎的能量。這穴位是最常被使用的點及多用途之一。這穴位橫跨脾、腎及肝經；它能治療與所有三個器官有關的許多健康狀況。它是治療任何消化、婦科及情緒狀況的穴位。它也有助於過胖或重量不足治療。它主宰月經週期與荷爾蒙；按壓這穴位有益調和不平衡。

11. K-1, Bubbling Springs, Yongquan（湧泉）

位置：在腳底的中心。當你彎曲五趾時，中間有一凹陷，那是湧泉，它是腎經第一穴。

效應：腎為氣之庫；身體及所有器官需有氣賴以生存。所以，健康及每一器官的活力仰賴腎臟能量。刺激K-1穴位能活躍腎臟機能，據說可使精神返老還童，幫忙不佳的記憶，潮熱，盜汗，失眠和焦慮。每天按摩此穴道，可降低高血壓及消解腎臟毒氣。

　　當按摩時，使用你認為最舒適的恰當位置——坐著或躺著皆可。我較喜歡躺在床上。正當你按壓不同穴位，可隨意改變你身體的位置，使你的肌肉可完全放鬆。
　　使用你的手指或大拇指或赤鐵礦石，按摩你身體一邊或

兩邊的穴位幾分鐘，一天兩次。為獲最佳結果，要在每一個療程按摩你身體兩邊的穴道。當你正確地找到穴位後，在按壓他們時，你會感到一些壓痛。用足夠壓力按壓，造成輕微、遲鈍及可能疼痛的感覺。假如你覺得增加敏感性或痛，就逐漸減少壓力，一直到你找到疼與愉快的平衡。不要繼續按壓穴位而導致很疼痛。然而，在一般狀況下，倘使你握住穴位久一點（使用赤鐵礦石到兩分鐘），疼痛就會消失。

你可在吃飯前後按摩，但避免在吃大餐前或剛吃飽飯後按摩。我推薦你要等餐後至少一小時，在吃大餐後更須較長的時間。當你的胃飽了，完成整個穴道按壓的路線會制止血液的流通，造成噁心。但是，僅按壓一或兩個穴道，舒解消化不良或打嗝是純然安全的，在穴位按摩後喝一杯熱騰騰的草茶是有幫忙的。

為取得好的效果，你應每天練習赤鐵礦穴位按摩。無論你是否使用穴位按摩維持你全身的健康或幫助紓解一般的病，這是正確的。假如它只用來處理一般的病，在你痊癒後，繼續使用相同的穴道及方法，可以防止問題再發生。若你沒時間，不能每天操作，一星期做二或三次仍是有效，同時給你自理帶來好處。當我早上醒來，仍躺在床上時，我自己從頭到腳趾按摩，尤其對這11點穴位，或當我有時間躺在床上及我睡前操作它。我也找到其它針對我乾眼、鼻塞和對我健康有碍的更多穴位。

當其他治療方式，如手術或醫物治療無效時，使用赤鐵礦石穴位按壓能帶給你好效應——下降張力、壓力，同時增

進能量、活力。或者若你有失眠症，不想吃安眠藥，這本書的資訊對你有效用。如果你沒有時間或金錢找專業治療，試讀我的書能給你一些指導方針。但我總是會推薦你找專業醫師協助。

3.5 便秘

便秘是我們中很少人喜歡談的題材。幾乎每個人會便秘一次或更多次。我們喜歡把它視為自己的小秘密。老年人比年輕人較易便秘，但大部分時間，它不是嚴重的。每天有通便是非常健康的。有些人排便一天三次之多，然而有其他人一週僅通便三次。這兩者完全正常。便秘是一種症狀，不是一種疾病。便秘被界定是一星期少於三次排便，或有硬、乾的大量糞便卡在結腸或直腸中。這是不正常的，可能有危險，會使人感覺過度緊張與非常不舒服。

便秘的原因因人而異。醫師不知道怎麼造成便秘。它可能是不良飲食、沒足夠運動、使用太多通便劑，或沒有足夠力量排便。排便需要腹部及骨盆底肌肉的協調才容易從結腸排出，幾乎像牙膏如何輕輕地從管中擠出一樣。人們花大部分時間坐著，不論在工作中或在休閒時，導致腹肌較弱，這妨礙他們輕易與自然地排便。你能在睡前藉著仰臥起坐練習，或在早上5到7點間按摩腹部改善你腹部肌肉。在飯前，胃在這個時候很活躍，你能做胃部按摩。它會增強腹肌力量；幫助刺激消化及解除便秘。

因便秘與消化不良，如何做腹部按摩

1. 背躺在床上或瑜珈墊上（仰臥），膝蓋彎曲，雙腳平放在地板上。

2. 雙手放在環肚臍的胃上（離肚臍左邊四指寬及離右邊四指寬），用手打圓按摩。開始順時鐘方向一至三分鐘，然後反方向做。

3. 使用赤鐵礦石用一手或兩手按摩穴位，REN-12中院（參考3.4章節），它是在上腹部前中線上4寸（四指寬，不含拇指），順時鐘20至50次。這按摩非常有益於相關的消化系統，消解腹脹、脹氣、消化不良、火燒心、腹瀉、便秘及其他。過度思考及憂慮會激動脾臟。

　　早上5到7點是你第一次排便最佳的時間。清晨是你的結腸經歷最大能量流動的時間，它已準備好盡可能毫不費力地將其內容物排出體外。當你醒來，喝一杯室溫水。（加一些新鮮檸檬汁，若喜歡。）假如你常便秘，你先蹲在地板上幾分鐘，然後進入廁所5至10分鐘通便。蹲著鼓勵消除，幫身體辨認你排便的意向。最好訓練你在早上5-7點左右通便的習慣。

　　通常，便秘發生在臥床的長者身上，當他們沒吃夠高纖食物，如蔬菜、水果及全穀類的東西，或當他們發生脫水的現象時。單獨生活的人們有時對烹飪及飲食失去興趣；

結果，他們開始吃許多的調製食物。這些食物傾向是低纖維的，可能導致便秘，要加入更多纖維質的東西，含新鮮水果及蔬菜、豆莢、豆及全穀於飲食中。專家發現，吃含益生菌食物，諸如大蒜、洋蔥及香蕉，或吃益生菌補充品，能幫忙改善腸道細菌的平衡。富有好菌的食物會幫忙改善糞便的濃度。

有憂鬱症的人可能整天待在床上，而減少身體的活動。他們也可能改變他們的飲食，吃許多高糖及脂肪的食物，或全然不吃東西。這樣的生活方式及飲食可能導致便秘。便秘是很普遍的現象。然而，一些憂鬱的人患有腸道易激綜合症（IBS），在通便後即改善腹疼。IBS能造成便秘及腹瀉，取決於腦部及腸傳遞加快或減慢大便的正常通過時間。當通過時間慢，腸從糞便中吸收更多的水，它變成較難通便。研究顯示，與男人相較，女人傾向有略為較慢的結腸通過時間而導致有較高機會造成便秘。一般的便秘不同於IBS（腸道易激綜合症）。便秘一般不會痛。

許多人認為通便劑是便秘的治療劑。但倘若你常使用它，你的身體可能忘記它自己的功能。過度使用通便劑是不需要的，會造成腹瀉。慢性腎病(CKD)是公共健康的問題；CKD的病人經常會便秘，所以醫師推薦一些非處方藥，諸如Colace 100毫克（一天兩次）或Senna（番瀉葉）片，開始使用一片，一天兩次，後增加為兩片。如果效果不佳，加MiraLAX，每天一包，可增加至一天三次。但通便劑常吃會上癮，所以設法減少你的攝取量。

人們有時沒喝足夠的水及其他流體物質。當他們不正常用餐時，常會發生這現象。經過幾小時沒喝一小口水，第一件事，喝一杯或兩杯室溫水，可補充身體水分，幫助消化與新陳代謝，也有助於排便，防止便秘。每天消費充分流質。設立每天至少8玻璃杯8盎司純粹的流質。有一些人不喜歡喝純開水；他們能使用半顆的檸檬及一茶匙的蜂蜜混和在一玻璃杯的水，倘若於早上優先取用是最有效的。

　　吃成熟的羅望子(tamarind)果肉是最簡單處理便秘的方法。我發現16盎司（454克）的甜羅望子，包裝在綠色的盒子裡（這品牌）是最好的；當我覺得不易通便時，我會立即吃一或兩串。我介紹它給我的朋友，他們告訴我，它對他們有效。

　　梅乾是治理便秘最原始的自然法。我喜歡放一至三個梅干在早上的麥片粥裡，或喝四分之三杯的梅汁。

　　不活動或長時間待在床上，諸如事故之後或生病，可能造成便秘。一週大部分時間做輕微運動，如走路或慢走，能透過增進你胃部血液流通幫忙排便。要花時間在減壓的活動上，例如沉思或瑜珈。

　　假使人們忽略排便慾望，他們也會便秘。有些人喜歡只在家排便。但壓抑排便，若遲滯太久就會造成便秘。

　　便秘時，試試下列的按摩（6法）：

1. 使用右手按摩左上臂中間部位，從肩到肘兩分鐘，再用左手按摩右上臂中間部位，從肩到肘兩分鐘。

2. 使用右手按摩左上臂中間部位，腕的四指下，在肌腱之間凹陷處施壓在穴位上一分鐘，轉右手，你也能使用赤鐵礦石。

3. 使用你的大拇指施壓，或用你的大拇指或用赤鐵礦石順時鐘方向做圓圈移動，從你手腕皺紋臂上後方三寸做20至36次，它將會舒解因在體內停滯熱氣而產生的便秘。

4. 將左手掌置於右手手指及手掌之上，然後用右手拇指深入左手掌心，用你右拇指的尖（末）端施以適當的壓力，以小圈移動20至36次，再轉換右手。你也能使用赤鐵礦石。

5. 用右手拇指指節按摩左手肘橫紋的外端。緊壓這穴位一分鐘，後轉換右手。

6. 用你相反方向的大拇指與食指一起，拉直你的食指一百次，重複繼續另一食指。

使用按摩法，配合健康、富纖的飲食及最佳流質的攝取，有益於舒解便秘，不需依賴通便劑及藥品。

這是一件我生活中最恐怖、痛苦及發狂的便秘。它發生在2020年5月10日至2020年5月12日間。在那段期間，我便秘嚴重；最重要的是，我有痔瘡，我覺得需要通便。我上氣不接下氣掙扎，但僅通了一小塊，在通便過程感到疼痛，有時在通便時流血。我吃Senna或MiraLAX，喝許多開水，按摩全身。這三天中，我完全不能坐好，整天都有上廁所的急

念。經歷這件事後，現在我每天一定喝至少4杯開水，於飯前或飯後吃4~5顆乾梅。阿彌陀佛，問題解決了。

在某些情況下，便秘的症狀可能是更嚴重問題的癥兆；某種東西阻塞你的腸道，像腫瘤也可能導致便秘。當你注意你的體重無任何理由突然下降，你的糞便有血，有家庭結腸癌的病史，如果你憂心消化系統的狀況，快找專家去談。

2020年9月27日，星期日，早晨約3點時，我坐在我波士頓公寓廁所，準備排便。我用力推後排出糞便；然而，我流了汗，感覺我將昏厥。我立刻回房躺在床上，仍感到暈眩，有緊急要嘔吐之感。我即時上廁所吐了兩次，覺得好很多了，回臥室躺下來，仍是暈眩。我很害怕，所以想叫911。當時我決定等到早上我女兒來看我，她能送我到急診室。慶幸地，第二天早上感覺很好。我告訴我女兒這插曲；她勸告我多喝水，下次排便時，不要用太大的推力。

「排便暈厥」是想要排便時暈倒的正式術語。暈倒在廁所可能有許多因素造成。倘使一個人便秘，他們可能會緊急深呼吸，然後使力及奮力。但極度使力（奮力）會下降血量回到心臟，減少血量的停留。醫師勸告，要防止暈倒在廁所：如果人們感到冒汗、寒冷或濕冷，他建議「讓自己快快平躺」，以避免受傷及完全昏厥。他也忠告喝充分的水，對低或正常血壓的人們，都在飲食中多加一點鹽。

現在我學到多喝點開水，一天8杯（一杯8盎司）是最有效的方法。

3.6 情緒導致疾病

我的傳統醫師兼針灸師：一位苗條女士，畢業於中國的北京大學，她看過許多病人，得出結論：80%的病人有家庭問題，在這80%的比例中，有90%的夫婦是不快樂的。依她的見解，每個人都有情緒，心情正是我們的情緒、智力、心理及精神的生活。

情緒是在我們內心中發生的每樣事物，透過它，我們感受到我們的存在，諸如喜歡或不喜歡。當我們情緒挫折，大部分起因於太複雜的生活，沒與你附近的一些人相處好，或生活太簡單，或太枯燥無味。你不知道如何單獨自處或感到壓抑。當我們處於憤怒、非常喜悅、憂慮及恐懼的情緒下很長時間，我們不能找到情緒的平衡。它會影響到我們身體的五官，引發疾病。事實上，15%至25%罹癌者患有憂鬱症。仇恨藏在病人心中太久，病人不能擺脫這情緒或沒法來調整它。那是婦女容易得乳癌或卵巢癌的原因，因大部分婦女隱藏他們的感情。

情緒是疾病的根源，但情緒也能治癒所有疾病。不管哪種情緒，良好的關係或良好的友誼優於藥品。

當我去看我的醫師，我談及我生病的各種藉口，然而我的醫師說，我是身體裡的怨恨致使疾病不能治癒。我的醫師提到一位富女，沒有眼科醫師能治好她的眼睛。她來找這位醫師，說她與她婆婆關係不好。我的醫師向她解釋這些不快樂的心情導致她眼睛的問題。那位富女了解原因及改善與婆

婆的關係後，她眼睛的問題減少了。

我的醫師提到，一旦有忿怒，第一目標會是肝；它影響眼睛的情況。第二，它會影響消化系統，導致便秘、腹瀉及排尿困難。這是病人生病的過失，所以病人需對生病負責任，它不是醫生的責任。我們的身體含有巨大、驚人及固有的能力治癒它自己。大多數傳統中醫師強調，這是在調整病人自我療癒的系統上。我的醫師給我家庭作業做，要我有適當的睡眠與休息，告訴我吃什麼、不要吃什麼與做哪種運動。我的醫師進一步說明，假如系統有點鬆，她的工作是加強提高自癒系統。系統順利提供後，我感覺健康穩定，病疼也就很快消失。她解釋，爲什麼許多人在一起，卻僅一個人腹瀉。這個人可能是自癒系統薄弱或有許多憎怨在心裡；疾病就從這弱點侵入體內。若這個人夠健康，當他罹病時，會很快康復。

我的醫師主張，我們生活行事應與自然一致，那是：清早起床，工作，日落後回家休息（日出而作，日入而息）。我們應該吃新鮮水果、蔬菜，喝足夠的水，不要吃維他命C補充劑，不吃加工食品，不暴食暴飲。

我的醫師也鼓勵我走路或戶外運動，要在白天，不要在晚上。我羨慕她苗條的身材；她告訴我，她每天早晨在上班前散步。她說：「我們不能找到生命意義的答案。我們不知爲什麼來到這世界。我們不知去哪裡，我們不能控制環境，但我們能調整我們的情緒，至少沒生活在COVID-19的恐怖中。」她的建議導引我思考每一個器官有與它呼應的情緒。

根據傳統中醫教法，有五種元素或五相理論概略說明自然界不同的元素與生命力，或流經他們的「氣」之間的關係。這基本元素是木、火、土、金及水。氣是每個人及生物都有的生命力。身體的負氣及正氣的平衡被認為對身體健康是必要的，每一器官都呼應每個特定情緒的能量，及每一種疾病源自一個器官或經絡（能量脈絡）的不平衡。這是中醫的基本理念，所有情緒都正常，人們日常生活作息就不會引發疾病，當人們情緒受到壓抑、遏制或強烈表達被認為是病態的，常常不在可控制或沒有任何因素下產生。

　　生氣或挫折是肝臟與膽囊的情緒，這些器官與木元素相聯結。肝臟調節我們的月經週期，支持我們的韌帶、肌腱和眼睛。情緒若憤怒、暴怒、或激怒，表示這能量可能過剩；當我們不斷地經歷這些情緒時，我們的肝臟會進一步受傷害。在這觀點下，偏頭痛、頸痛、沉重痛苦的月經週期(PMS)，膝蓋及腳踝韌帶扭傷、頭痛及暈眩會常見，不平衡的膽囊可能因長期壓抑憤怒的情緒所造成，諸如怨恨、挫折及激怒。避免突然怒氣會保護肝臟及膽囊的健康。

　　悲傷及沮喪是肺及大腸的情緒，這器官與金屬元素聯結。任一器官的違和時常會引發感冒、精力消耗感及腸功能不良。悲傷是對這些病態的自然反應。它可能喪失親人、關係、懷孕、寵物、工作或生活的方式。悲傷可能留駐在我們心中數週或數月，而有些人可能認為他們的悲傷在他們決定釋放前不能解決，要持續數年。當悲傷沒解決而變成慢性病時，肺氣不足會導致憂鬱和不能擺脫事情，最後妨礙肺功能

及氧氣的循環。因爲我們的肺控制身體能量的流動，重要的是，我們要給自己空間處理疼痛而不是悶住它。悲傷與沮喪事很不同，但他們顯示類似之點，因兩者能導致強烈悲傷感、失眠、食慾不振及體重減輕。沮喪比悲傷更嚴重，因它狀況較持久，有持續空虛感、絕望而難以感受愉快或歡欣。如果你注意你沮喪的徵兆仍存在，或你悲傷力竭，最好有朋友、家庭或他人支持，在你有需要時，說出你的悲傷是重要的。設法輕鬆下來，做溫柔的運動，吃健康食品及睡好覺。

害怕是腎臟及膀胱的情緒，其器官與水元素相聯結。它是一種正常適應的情緒，當我們忽視它，會變成慢性的病。腎臟問題常發生在我們處理恐懼時，諸如改變人生方向或沒有穩定生活情況時。當我們經歷極度驚恐時，我們的腎臟會努力憋住氣而不尿濕褲子。像這樣不由自主的排尿常見於怯場場面。

憂慮是胃及它的夥伴：脾的情緒，其器官與土元素相聯結。正如大地之母的工作是滋養生長所有生物一樣，胃氣是「餵養」所有器官有足夠能量以完成它們工作的單位。胃不但負責消化食物及水，而且調理你的情緒及思想，保持滋養你的精神及消化掉負面的東西。太多的沉思、憂慮及過度思考（尤其負面想法），會弱化我們的消化能力。當我們焦慮時，我們會發現難於消化，難於接受局勢或生活事件。所以不要擔憂，要快樂！我們對生活的經歷與食物缺乏信賴與安心，讓我們無法消化它們。這可能讓我們感到疲倦、鈍感及不能集中精神：一些荒謬、太多的精神刺激確實會造成精神

上的壓力。脾臟的虛弱也會造成難對付的體重問題。胃的本質喜暖，所以冷食或生食（尤其果類或蔬菜）及長期冷飲會損壞胃的功能。生的水果是可以的，因水果的本質是很淡的。吃晚餐最晚在6點或7點前；這給你的胃與及你所有其他器官有機會休息。假如你晚間吃太多的食物，那是在你的胃應休息時，你卻讓它超時運作。

　　喜悅是心臟及小腸的情緒，其器官與火元素相聯結。當我們體驗真正喜悅及快樂時，我們是在滋養心臟及小腸的能量：我們覺得心理是清楚的，能處置經歷事。當我們生活中缺乏喜悅，心臟受創，我們會感到困惑、心理紛亂及難睡眠。狂亂或強迫喜悅可能暗示過於分散心臟能量，會造成嚴重心理情緒的紊亂。過度刺激心臟能量也會造成激動、失眠及心臟急速跳動。即使好的情緒也可能不平衡！愛是滋養內心可見及不可見最有力的方法。

　　焦慮，根據傳統中醫(TCM)，有四個原因：

1. 假如涉及肺與大腸（金），氣的阻礙會使呼吸淺薄，不規則呼吸，甚至抑制呼吸。大腸受焦慮傷害的影響，使人更易患上潰瘍性結腸炎及腸易激併發症（IBS）。

2. 腎臟及膀胱（水）的問題可能也是這種情緒的根源，腎上腺調節我們壓力的反應，當腎上腺問題變成慢性，它們就造成焦慮。傳統中醫認為腎上腺與腎一樣。焦慮也可能受到腎臟與心臟間不和諧而造成；在

這種情況下，急速心臟的跳動會發生。

3. 當長期的憤怒與刺激沒解決，焦慮會引發肝臟（木）的不平衡。在這情形下，焦慮顯示神經緊張、易怒與失眠。

4. 過度憂慮及沉思引發的焦慮起源於脾臟及胃部（土）的不平衡。這會導致飲食後胃部腫脹和腹脹。

　　五臟（肝、心、脾、肺及腎）中任何一種器官會受其情緒所影響，但一個情緒可能傷及其他器官由他們自己運氣所帶來的不規律。所以一個器官可能會被不同的情緒所傷害。氣的偏離移動導致生理分裂及情緒狀態。這狀態可能是短暫的，因為它是氣的反應及那個期間的移動。如果它源於一個器官的分裂造成完全失序，結果它就不再能夠控制它氣的移動，它不再參與身體及心理和諧的融合，也不再參與生理和精神方面的平衡。我們能下結論：來自我們身體的疾病都是由情緒不平衡所造成。

3.7 發炎

　　你相信人身體若是健康，可以活過一百歲嗎？但不能治療的疾病也是我們人生的一部分。我們大部分人死於各種疾病，諸如癌、心臟病、腦中風、糖尿病、消化不良、關節炎、狼瘡或阿茲海默症。研究顯示，慢性發炎可能是很多疾病的共同因素。

發炎是我們身體的免疫系統對有傷害物質的反應。沒有發炎的反應，感染、受傷及對任何組織的破壞將無法療癒。發炎有兩種類型：急性的及慢性的。

　　急性的發炎來得快，通常在幾分鐘內，但一般持續時間是短的。在這過程中，我們身體回應有害的東西，修復對細胞的破壞，帶走死細胞。它引發病症，像發紅、腫脹、發熱、疼痛及功能喪失。其例子涵蓋急性發炎，包括支氣管炎，感冒或流感的喉痛，或我們手指的刺痛。發炎不一定造成所有的5個病狀，一些發炎甚至是無知覺的，不會造成任何症狀。一旦受影響的地方回復到癒合狀態，發炎在幾小時或幾天內就會消失掉。

　　慢性發炎起因於我們的身體不能去除有害物質或無法療傷。我們身體持續發炎的情形可能幾個月或甚至幾年。它也可能發生在有害物質消失了，但我們身體仍停留在發炎狀態。如果這狀況發生，免疫系統會刺激白血球攻擊附近健康的組織和器官，這是自動免疫疾病的原因。假如發炎超過三個月，它被認為是慢性發炎。研究指示，慢性發炎與一些慢性病之間有聯結，諸如心血管疾病（循環系統疾病）、慢性腎臟病、癌、類風濕關節炎、氣喘、2型糖尿病，甚至阿茲海默症。

　　所有細胞賴以生存與活化，需要4個基本要素，即吸入氧氣、喝水、進食、排廢物。只要這四個元素被充分維護，我們能活得更長久，假如有任何四個元素之一被破壞，細胞會在很短時間內死亡，炎症發生，所有疾病開始引發。

慢性發炎有7個風險要素：

1. 肥胖：研究發現，當一些人發胖時，他們的身體可能處在發炎的狀況。倘使你是這類型的，最好重視減肥的方法。

2. 飲食：假如你的飲食中飽和脂肪量、反式脂肪或精製糖、麵粉和低纖維食物含量高，你的體重指數（BMI）可能超過24，這會使你的發炎水平更高。

3. 酒精消耗：長時間大量喝酒會造成身體一些變化，導致腸道發炎，經過長時間後，這個發炎會造成全身器官功能喪失，尤其在肝及腦部。

4. 吸菸：吸菸或吸二手菸會助長發炎的反應。通常免疫系統會過度抵償這毒素的吸入，這可能意味著白血球不是用來治療受損組織，而是用來做為攻擊功能。這會增加肺癌風險。

5. 穿高跟鞋：大部分婦女想要好看，他們會穿細帶高跟涼鞋，或露趾高跟鞋，看起來驚人無比。但是穿高跟鞋會造成腳底結締組織及足底筋膜發炎。這會導致嚴重的腳跟痛，需要積極藥物治療，諸如口服消炎藥、口服類固醇、可體松注射液，及穿靴子和持拐杖走路。

6. 壓力及睡眠障礙：壓力被牛津英文辭典界定為「因有害或需求環境引起的精神或情緒的過勞或緊張」。簡單地說，它是你身體經歷及處理外在壓力的方法，不

論在心理上或身體上。在正常壓力的狀況中，確實對身體有好處，推進你更努力工作、專心，甚至提振成績。長期的壓力下，肌肉不斷緊張，這將造成頭痛、頸部拉傷，和持續提升可體素的水平，導致體重增加、身體發炎，產生超壓免疫系統。壓力也會影響消化系統；它會使你有慾望吃更多油脂的食品，你可能開始患上胃灼熱、胃酸回流，因你的胃在長期壓力下產出更多的酸。由你腦部調節的內分泌系統也會受到影響。這可能從情緒及健康組織到血糖代謝與再生的每一件事都有影響。這沒什麼奇怪，當你的壓力水平提昇到在你身體隨時在生理上準備作戰的狀態，隨時都要應對危險來臨，這是你睡不著覺的原因。減少2小時的睡眠會使你更生氣。生氣會讓你的身體發炎。

7. 年齡：根據耶魯大學醫學院研究學者主導的一份報告，我們的細胞隨我們衰老而變化，招致免疫系統產生慢性的、低度的發炎。因為細胞需要氧氣，如果你感覺有下列徵兆，你就患有低血氧：

　　1. 呼吸短促、急促

　　2. 暈眩、頭昏眼花、昏厥

　　3. 缺乏協調（身體平衡感）

　　在你與醫師或病人諮詢師交談之前，這當然是你加強血氧的時候。若氣候允許，打開窗戶。接近新鮮空氣對更輕鬆呼吸很重要。在你家種綠色東西。綠色植物可能增加室內氧

氣，如蕨類植物。它是在室內產生額外氧氣的最佳選擇。吃新鮮、富鐵份的食物。一些特定食物能幫忙改善你血液氧氣的水準。聚焦富鐵份的食物，諸如肉、家禽、魚，豆類及綠色多葉蔬菜。這些飲食的選擇能改善缺鐵質，增進你身體處理氧氣的能力，使你感覺更有活力。備置綠色蔬菜，如無頭甘藍菜、花椰菜及芹菜。

深呼吸將改善你氧氣的攝取。所以每天運動及沉思／冥想，嘗試深呼吸以增進你肺部更多氧氣的吸收，那樣你會感覺好一些。

呼吸運動容易學習。無論何時你要，你就可做它；你不需任何特別的工具或設備來執行。腹部呼吸學習簡單，做起來容易。若你以前從未做過呼吸運動，最好從它開始。以舒適的姿式平躺。我較喜歡兩膝彎曲躺在床上。把你雙手放在腹部。透過你的鼻子深呼吸；慢慢從你腹部呼吸，就像把空氣放入氣球一樣。你的手應該會感到腹部膨脹及成為圓型；默默地從1算到10。按住你的呼吸，默默地從1算到5。呼氣，把你腹部推到床上，試著放出你腹部的空氣及默默地從1算到10。做這呼吸運動3到10次。每次呼吸不慌不忙。到最後，這呼吸運動會減輕炎症與緊張及緩解壓力。

頭痛與背痛也是發炎的結果。許多人吃藥緩解這些病狀，藥的選擇範圍從簡單的阿斯匹靈或抗發炎藥，像布洛芬、美林、雅維已有一百多年的歷史。但所有的藥都有副作用，會傷肝、腎或消化系統。理想的疾病處理不能仰賴藥物，取而代之的是結合生化、生物電、機械及心理／情緒能

量來治療身體。

有一些自然法讓你能抵抗炎症（5法）。

1. 減低你理想的重量，減重本身可以抗發炎。
2. 每天以步行方式運動。
3. 處理壓力及放鬆。患焦慮、憂鬱症及有壓力的人，降低你們的炎症標誌物（如蛋白質、細胞因子），降低任何壓力。
4. 要有較多的睡眠。確定你有足夠睡眠很重要。假如你沒有適當睡眠，你可能處於炎症的高風險中。
5. 吃對食物。

有一句古老的諺語，病從口入，因我們吃食物用嘴之故。我們的飲食扮演控制發炎過程的一個重要因素，每天食物的選擇對健康與疾病有所影響。

第一步是選定吃水果及蔬菜食物。那是一種最好的方法，避免慢性發炎。蔬菜充滿抗發炎的營養物，包括鎂、類胡蘿蔔素、抗氧化劑及茄紅素。吃你的蔬菜和水果：蕃茄；綠葉蔬菜如波菜、甘藍，水果如香蕉、草莓、藍莓、石榴及櫻桃。

下列食物也能消炎：

1. 薑黃（亞洲香料帶辣）是醫藥超級食品。它能保護肝臟防毒及有效殺死許多細菌及酵母菌。

享受人生

2. 亞麻種子及其它富含omega-3脂肪酸來源物。他們能消炎。加富含脂肪的魚類入您的飲食中，諸如鮭魚、鯖魚、鮪魚或沙丁魚。大麻種子、核桃及草飼牛肉也是富含omega-3脂肪酸的來源。

3. 高酵素食物。酵素是一種最古老的治療發炎的天然藥物；有幾種水果像奇異果、鳳梨及綠色木瓜是最有效的酵素，這些水果能分解蛋白質。綠色奇異果比黃色的含有更多的酵素，奇異果能幫助治理人體腸道的發炎。它是預防重要的部分，也是好肉食者的治療水果。

4. 橄欖及特級初榨的橄欖油。橄欖油可能是一種最健康的食料，你使用它會保護心臟的健康。它會降低血壓及消炎，保護低密度脂蛋白（LDL）顆粒免受氧化，可助防止不必要的血液凝固。

限制這些食物：精製碳水化合物，如白麵包及糕點，油炸食品，蘇打水，紅肉及加工肉，人造奶油，酥脆奶油及豬油，這些食物已被發現會增進身體的炎症。

3.8 耳按摩

我不太注意耳朵，僅認為其功能只是戴眼鏡、掛耳環或聽覺而已，直至2018年1月6日在路易斯安那的台灣婦女會邀請一位中國女士談傳統中醫、健康、幸福及生活方式的議題

才引起關切。演說後，我問她我右腿關節疼痛的問題。她接觸我的右手腕及左手腕，發現我的右手腕很緊。她馬上告訴我是右手腕造成的痛，她拉我右耳的頂點，疼痛很強烈，以致我真感覺其程度比生孩子更嚴重。痛的感覺讓我幾乎要大聲尖叫。她告訴我，只有右耳與右邊的身體相聯結；其他身體的部分與身體相反的方向聯結，當你按摩右手邊，它會從身體左手邊發痛。我回家後，每天拉我的右耳尖上端幾次。一星期後，右腿關節不再激烈的痛。

在1957年，法國神經科醫師Paul Nogier發表，位於耳垂的每一個點（穴道）與頭部跟臉部相關，從到上肢，耳輪及耳輪腳到骨幹，和下肢，外耳到內臟。這是「逆胚」讓人容易了解為什麼僅刺激耳朵的特定穴位，會非常有效地處理全身的疾病。傳統中醫師會告訴你，耳朵被認為是倒置的胚胎。耳朵有200個穴位，被用來治療身體。耳垂含有穴位與頭部及臉部相聯結。在耳科醫學裡，它們叫這些穴位為耳穴，但我仍使用穴位。脊骨向上彎曲在耳朵中心（antihelix），與頸部更靠近耳垂及下背部耳朵頂部。內臟位於耳孔周圍凹陷處。

包含內臟的全身健康狀況，能根據耳朵的位置、尺寸、型態及顏色來判斷。比如腎臟越小，耳朵越小；腎臟越大，耳朵越大，就是這種情形。大耳因有較好的腎功能，被認為是長壽的象徵。具有長、強耳朵及大耳垂者較為健康，較可能享有長壽。

一位中國醫師在網上鋪文，耳科能診斷治療200多種疾

病及500種病狀。我很佩服，因爲我有病疼、發炎疾病、關節炎、過敏症、糖尿病前期、體重的問題、高血壓、下腰痛、頸部和肩部痛，普通感冒、乾眼、眼睛癢、眼睛模糊及更多，我需要學習有關我耳朵的問題。

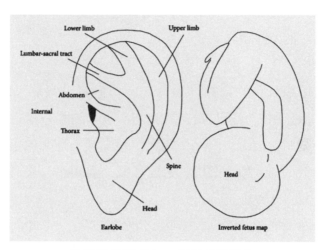

這張耳朵圖看似一個倒置的嬰兒

　　2020年4月12日，在冠狀肺炎病毒大流行期間，路易斯安那州有一道要留在家裡的命令。我有更多時間按摩我的耳朵。閱讀這耳圖後，我決定先按摩我的耳垂，因爲它們能聯結到大腦，然後眼睛及臉部。按摩這區域，不僅刺激我的腦，而且促使臉部看起來年輕及克服我眼睛的問題。我用一顆赤鐵礦石（你能使用你的大拇指）順時鐘繞圈20次，再逆時鐘繞20次；你若時間夠，可做50次，然後向下拉耳垂。先拉左耳，再拉右耳。

　　當你按摩時，只需做你覺得舒適的方式（摩擦、拉、

用油或不用油按摩，輕微撫摸、捏、用力沿外按壓全身，或僅耳垂）來恢復你的思維，鎮定你的心寧，使你身體充滿活力，或釋放健康劑量的Endorphins（內啡肽）入你的血液中。

我也操作下面一些耳朵的按摩（9法）。希望你能找到一或更多個方法讓你享受你的每一天。

1. 按摩耳朵的頂點（尖）。它位於耳朵最高點的軟骨上。用大拇指及食指的尖部，以小圓圈方式輕微地按摩耳朵頂端，直到你感覺它有點熱；輕微向上拉5-20次。這穴道普遍用以處裡耳痛、偏頭痛、眼睛腫脹及緊張頭疼。

2. 摩擦你耳朵的外面區域。開始從你耳朵上面，慢慢地（你能一次做兩耳或一次一個）一邊用大拇指及另一邊用食指摩擦你的耳朵。這樣進行往下到耳垂的最下方。每天從你耳朵的頂部重複做50-100次。它能改善注意力與集中精神，強化四肢與長壽，因為耳朵外緣與四肢聯結。一般而言，有堅強及靈敏四肢的人和有大耳外緣相關；四肢較細微者，相對外緣較窄。

3. 按摩似三角形區域。它位於你耳輪的上殼。這部分能用鏡子找到它。利用赤鐵礦石順時鐘方向按摩50次後，反時鐘方向做50次。刺激這區域，據說可幫助緩解焦慮、壓力與失眠。它也能保護心臟及阻止頻尿。神門（精神之門）就位在這區域內。

4. 按摩耳朵的後方。使用你食指及中指的指關節掩蔽你的耳朵,用拇指感觸你後耳的骨脊。移動你的大拇指,從耳朵外面的上方,往下至這條線的壕溝旁——它被稱為「低血壓溝」——繼續往下移動至耳垂下。重複從上到耳垂下方操作,每天50-100次。這樣能幫你舒緩頭痛、耳及眼痛、頸部拉緊。它也能減輕你的血壓。

5. 按摩外耳窩。外耳窩是耳朵的中心,它在耳朵開口凹陷的地方,與身體內所有器官相聯結,使用赤鐵礦石,或你用食指或中指在整個區域繞圈,每天50-100次,把你的指甲剪短以防抓傷這地方,按摩這區域可去氧排毒,及刺激各腸道器官通暢。

6. 按摩整個耳朵。揉你的手掌直到它們暖和。用溫暖、杯狀的手掌蓋上你的耳朵;左手掌蓋左耳朵,右手掌蓋右耳朵。按住約30秒。每天重複操作15-30次,可改進你的聽力。你也會感受溫暖的能量放鬆,使耳朵內及周圍感到舒服。

7. 撫摸耳朵後面。撫摸耳朵是一種較輕微的按摩移動,它能強有力地刺激身體特殊部分的神經末梢。耳朵的背後是耳朵連接頭部的摺痕。我使用赤鐵礦石從摺痕的上方到頜線的下方按摩。你也能使用你的大拇指、食指或中指,從耳後摺痕的上方到頜線下方開始,壓、拉、撫摸及捏。重複15次。它將給你驚奇的輕鬆效果。

8. 揉耳朵。用你的手掌從前到後揉耳朵。重複18次，你會聽到尖銳聲，這會使你全身充滿活力。假如你喜歡刺激你的器官，花費較長時間揉你耳朵中央區域。

9. 按摩穴位翳風（風屏）。稍微打開你的嘴，你會發現耳垂後面有凹陷之處，用赤鐵礦石順時鐘方向按摩這穴位50次。它能祛風、解熱，改善聽覺及舒解疼痛。對皮膚的美麗自療，按摩這穴位可去除面部皺紋。若你注意你耳朵一些地方觸痛敏感，你可能要發一些時間給這部位輕微繞圈按摩。

2020年4年21日，我糖尿病前期病症逆轉了，血糖水平從145降至124左右，因我按摩似三角形區域，我感覺身體減輕疼痛，我的活力也提昇了。我希望你能享受學習有關耳朵按摩的方法，這些操作能緩解壓力，你會發覺以上一些按摩法是有助益的，且是令人愉快的。

3.9 防止腿退化

2020年3月4日，正當我丈夫喝他的Dr. Pepper飲料，我告訴他我們年輕時的故事。有一天我拜訪一位老太太Younger女士，她告知我，她的身體就像一部老爺車，感覺每一部分就快掉下。我回家告訴我丈夫她不佳的健康。我們兩人對他感到遺憾，也沒想過我們的健康會隨年紀增長而下降。

那時，我的丈夫大笑，告訴我Younger女士的敘述是100分的正確。我們從生至死的過程，腿無時無刻地替我們勞動；倘若我們不照料我們的腿，自然地，它就會像舊車子一樣。從20歲起，每10年，我們會經歷5%肌肉的流失，骨頭裡的鈣也會逐漸減少。肌肉的弱化可能開始導致致命的跌倒，這為數有30%～40%的老人受傷。當我去美容院或賭場時，我看到許多人們須使用輪椅、幫走路的四腳架或拐杖。我認為，保持腿部強壯及減少肌肉損失以防止腿部退化是容易做到的。

2016年8月6日，我碰到一位好朋友。我告訴她，我因左腿走路障礙，從5月15日至6月15日臥床不起。她不相信這件事，因我未曾走路跛行過。我告訴她我刮痧我左腿下部、左關節、左臀部及尾骶骨。刮痧後，我使用一顆赤鐵礦石按摩我左腿從腳踝至臀部。最後我用一顆天然赤鐵礦用力敲打我整支左腿。我自己按壓穴位有效，沒花費一毛錢看醫師。

有一些警告的徵兆你應注意，諸如僅多走幾步就感覺腿疼，僅爬幾步就感覺累，不能站太久，走路比以前慢，腿腫，腿部靜脈曲張，不能舒適跳躍。如果你發現有這些症狀，要儘早設法保持你腿部的強固，以避免坐輪椅或拿拐杖。

倘使你靠腳工作，在每一次換班後，這兩個運動是必須的。

第一，坐在椅子上，做網球弓形按摩。把你的裸腳放在乾淨的網球上，滾動它。你會立即感覺肌肉輕鬆。

第二，用你的手指穿過你的腳趾，輕而有力拉你的腳趾，同時小圓圈滾動你的腳踝。

　　重複做另一隻腳運動。這簡單的腳趾拉緊伸張，不僅可以釋放任何被抑制腳肌肉的緊張，而且它也能強化你腳踝關節。這將使你站立更輕鬆地完成下次的輪班。

　　這裡有些簡單方法（9法）保持你腿部的強固與健康，在你運動時，不要推、拉太用力或過度擴張。

1. 抬高你的腿：
   不良循環會把壓力施加在你腿上，影響你身體的下肢。當腿及腳提高到心臟上6~12英吋，它能舒解腿部壓力。這樣讓你的血液從你腿部流開，能降低腿部腫脹及痛苦。為減少腿部的無力，當你坐著或躺著時，抬高你的腿以增進你身體的循環。我的丈夫喜歡抬他的右腿在餐桌上，這在我看來是不妥的。

2. 控制你的體重：
   體重增加對一個人的關節及全身的健康有嚴重的影響。研究顯示，減掉10-15磅會減少骨關節炎及下肢虛弱的風險。為應對你腿下肢的弱點，要考慮參與每日的運動及健康飲食。

3. 鍛鍊你的腿：
   首先，俯臥（面朝下臥），按照這些步驟：
   a. 向後抬起你的左腿約10-12英吋
   b. 保持至5秒鐘

c. 慢慢地放下你的腿至地面

d. 向後抬起你的右腿約10-12英吋

e. 從1算到4，這是一套／組

f. 每天作2-3套／組，每套／組重複做10-15次

4. 側臥蛤蜊運動：

左側臥，雙腿疊放，膝蓋彎曲45度角。慢慢打開你的右膝，盡量打開，回到開始的位置；保持骨盆穩定。右側臥，依樣再做一次。每邊重複做15-20次。當我在2017年10月回台灣時，我從樓層的第三階摔到地上，傷到我的臀部及大腿的右關節。這個運動很有效。我做這個運動後，感覺疼痛減輕。

5. 拱橋式：

平躺，膝蓋彎曲，腳踏在地板上。保持你的肩膀在地上，抬高你的臀部離開地板，朝向天花板，越高越好。盡你可能挺住，再輕輕放下至起始點，重複做10-15次左右。之後做4個，再做5個。我喜歡在右手握5個赤鐵礦成一圈或只一個天然赤鐵礦石，重敲我的左腰、臀部和尾骶骨幾次，再變更右邊做同樣的方式，直到這些地方應到滿足舒適。

6. 膝蓋圈：

開始你的雙腳擺放在一起，你的膝蓋微彎，雙手在你的膝蓋上。輕輕順時鐘做圈子30次，後逆時鐘做。做完後，輕鬆移動你的身體。

7. 趾尖運動：

這個方法最好在裸腳下完成，很簡單，踮起趾尖，保持這個姿勢5-10秒，後輕輕放鬆回到正常站立的姿勢，重複做這運動10次，你也能用趾尖走路50步，趾的訓練將會強化你的腳、小腿肌肉及腿部，它能以自然姿態拉直你的身體，幫你解除背痛。

8. 腳趾拉動：

坐著，你的腳平放在地板上。抬起你的右腿，放置腳踝在你左大腿上。慢慢地、輕輕地把彎曲的腳趾向下拉，拉伸關節，候住5秒，重複10-20次。再重複做左腿。

9. 步行：

這是一個非常適當的步行技巧。無論你走在人行道、跑道，或在跑步機上行走，都能使用這方法。

a. 直立站著，雙腳合併，舒適空間約離四指寬。這練習有助於放鬆緊繃的肌肉，保持你脊骨挺直。

b. 想像一條繩子連結到你的頭上。感覺它從你的臀部抬起你，所以你既高且直。

c. 輕縮你胃的肌肉。聚焦你的眼睛在你前方20呎，非在地面。

d. 用你的腳後跟先著地；從腳後跟至腳趾之間滾動。起初，你的脛肌肉可能疲勞和酸痛，直到他們變強。

e. 踏出舒適的長步，不跨大，但具有足夠長度，要求臀部的好運動。

f. 當你右腳著地，你的左肩往前推。首先將雙手放入口袋裡，肩膀往前推；當你感到你的肩膀往前的舒服感時，你可以自然地行走。

喝一杯開水，於你走路前或走完後。要停止走路，假如你感覺任何疼痛或呼吸困難時。中國有一句諺語說：「當你飯後走1,000步，你不需上藥鋪。」或「飯後走1,000步，將使你活上99歲數。」慈禧皇太后是滿族（清）朝代一位出名的女皇，她每天飯後靠步行999步維持她的健康。阿拉！2020年3月中旬，我終於能正確的走路。

腳被稱作第二個心臟，一份對1,280位男女在55歲級以上人士導向的研究，其目的要看肌肉量、腿力及脂肪量與身體的功能有關。他們確定腿力對身體機能及死亡率有最重要的因素。另一份研究顯示，身體常活動的人比久坐不動的人的死亡率低。想一下，每天活動是否有困難。這包括起床、繫鞋帶及穿衣服。

對老人及中年人來說，走路是好的運動，尤其因為用腳跟走路能按摩腎臟經絡，依據傳統中醫，腎臟構成身體陰及陽的中心，服侍身體內不同的功能。相信當一個人全身陰及陽不平衡時，疾病就會引發。

有所有這些證據，還有什麼能阻止你現在起來做照顧你的腿部的事呢？

3.10 一點小幫忙

　　自從2019年11月起源於中國武漢的冠狀病毒(COVID-19)爆發後，我確實對其擴散發展有所關注。2020年3月17日，我的大女兒素亞范德米爾告訴我，冠狀病毒患者的肺最初會充滿分泌液。我認為我需要讓大家知道如何保護及不讓病毒進入肺裡。病毒應在口腔或喉嚨中被殺滅。

　　為了這原因，我於2020年3月21日在柯喬治紀念基金會／穴位赤鐵礦基金會開始鋪文談手掌按摩；在五天內，總人數4,332及參與人數626。我感到震驚。人們真的很關心他們的健康，同時我高興我能微小地幫助人們。

　　假如你的喉嚨癢，加1-2茶匙的蘋果醋及鹽至一杯溫開水。一天漱口2-3次，每次20~30秒，以緩解喉嚨痛。

　　下面是我的鋪文：

　　防止冠狀病毒擴散與傳輸最好與最重要的策略是手的衛生及社交距離。

　　洗完你的手後，當你有時間時，應該按摩你的肺經，保護你自己預防冠狀病毒。使用你的大拇指，從手腕皺痕處，沿手掌邊緣，往拇指上頭，輕壓至少20次，最好每手36次。向拇指尖的方向按摩。點（圖上）是穴位；當你按到的地方感覺疼時，你能以圓周運動按摩這些點。沿著這條線（圖上）按摩任何穴位，能幫忙緩解與感冒有關的症狀，包括打噴嚏、寒意及喉嚨

痛。

當你按摩時，通常從左手邊開始，所以先按摩你的左手。

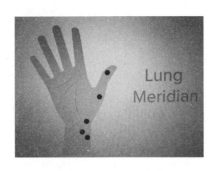

冠狀病毒在侵入肺部前，會在喉嚨裡存活四天。在這階段，人們開始咳嗽或喉嚨痛。患者應儘其可能多喝開水，或喝熱薑茶、加鹽和醋的溫水，排除病毒，疾病才不會惡化。

我的孩子們關注我的丈夫及我，我們自己單獨住在那契托什，路易斯安那。倘若發生什麼事情，他們可能無法即時援救我們，所以他們建議我們坐飛機前往波士頓。我們認為這不需要。2020年3月29日，每個孩子嘗試說服我丈夫去波士頓。我所有的孩子告訴我們，現在正是他們需要回報我們撫養他們而付出的時候。他們很體貼地替我們訂飛機頭等艙票；我們已決定於2020年4月30日飛往波士頓。我的丈夫不喜歡戴口罩，而我們可能在降落波士頓前已被感染COVID-19。此外，飛機內低濕度的空氣對鼻竇不好，但是乘客們需要練習小心接觸人量多的表面，諸如廁所門把、盤桌及扶手。在這個情況下，使用洗手消毒劑更適於高端N95

口罩。在知道這些預防告戒後，我放棄搭飛機去波士頓，乖乖待在家裡。

我一位朋友告訴我，他沒有任何COVID-19症狀。當他要捐血時，他發現自己呈陽性。知道得病毒後，他並不需吃任何藥。研究人員一直要了解，爲什麼有些人會得COVID-19而其他人不會。我的朋友認爲，每個人的免疫系統對病毒的反應不同；他的免疫系統夠強，能保護他。病毒能幫忙我們預測被感染者的生病過程。

很不想看到COVID-19大流行：數百萬例，數百萬人死亡，失去工作，數兆美元的聯邦救濟，失去與家人與朋友，及許多企業關閉。現在我們最好能做的是要銘記在心，最惡劣的事似乎離我們而去，我們愉悅期待未來。

3.11 減肥

2020年3月12日，飯後我丈夫建議我們吃青草果凍作點心，因爲我需要減少至少10磅的重量（一磅約0.45公斤），我不同意他的想法。我告訴他，所有電影女明星體重約在120磅；甚至128磅被認爲已超重。他立即回答，她們相對比我高3或4英吋。

我認爲假如我不能減肥，或我的腹部仍突出來，我不應寫這篇文章。在我反覆閱讀有關電視連續劇明星的美麗秘訣，我體會到：僅節食與結合每天至少一整小時的規律運動，長遠下來，幾乎沒效果。這些電影明星維持重量在100-

120磅左右。我認為我應為自己建立一個小目標。首先降5磅，把我的體重指數（BMI）降至24.90，使有健康重量及腰圍35英吋。對於運動，我應走路、伸展、平衡，保持心理健康；對於飲食，我應吃燃燒脂肪的健康食品。

　　研究顯示，任何人不應每週減肥3磅以上，通常減重不超過1或2磅較好。兩週內，我減輕2磅。目標去除你異常的部位，諸如胃、臀、大腿及臀部。快速過量減肥，對身體是一種衝擊，達不到預期效果的。初期的減重主要是水，但最後全部減重幾乎是肌肉而不是脂肪。為防止這情形，我決定結合飲食與運動。

　　我腹部的肌肉是我唯一的弱點，可以這麼說，從生4個孩子起，我的肚子就突出來。我對這部分必須特別著力。飲食配合努力運動並不讓我感到高興。我不喜歡運動；我曾加入健身房約兩年，那家健身房已關門了。我從沒想找另一家。2020年3月17日，我看影片談一位73歲女士鼓舞世界其他人的故事。她在2016年時，約200磅。她女兒鼓勵她在健身房做舉重與運動。在6個月內，她降下45磅，這有一句格言的道理可引用：「用則發達，不用則衰退（用進廢退）。」

　　假如對身體沒要求，它會退化。我注意到我鬆弛垂落的老人手臂，在與她健康的身體比較後，我感到慚愧。所以我用老方法，在操作我手臂及肩膀練習時使用一磅手腕重量。走路同跑步一樣好，調降我對糖尿病、高膽固醇及高血壓的風險。我需花費更多時間在步行；然後我跑步取得同樣的效

果。因為對跑者傷害的機會較大，所以跑步給身體壓力較大，尤其對關節，大部分時間我走路，但有時跑步與走路混和，運動才不會感到厭煩。我做完早晨的步行後，嘗試做肩膀及手臂運動來調整我手臂肌肉；期待它讓我獲得及保留肌肉量而燃燒掉脂肪。

要伸展身體前，你應暖身2-3分鐘，例如快走或慢跑。然後開始拉伸，直至你感覺不舒服但不痛為止。拉伸身體的兩邊，開始以小動作拉身後漸加大力道。你在操作任何其他運動前後，要做身體伸展動作。

對於伸展運動（8部）：

1. 我喜歡四種運動：側平舉、前平舉、單臂側平舉和啞鈴臂環，這資訊取自〈17種對女人最佳肩部之練習—上肩運動〉這篇文章，你能在網路上取得。

2. 同樣，我會調整我的前臂。我握拳並豎起我的大拇指，彎曲手腕10至15秒，或用力擠壓軟球或壓力球並彎曲我的手腕5-10秒。

3. 伸展頸部：我坐在椅子上，慢慢地、小心地嘗試將我的下巴接觸到胸部。放輕鬆，然後嘗試將頭後仰與背部接觸5次。其次，我慢慢以逆時鐘方向旋轉頭，重複5次。我停止，再反方向重複5次。小心不要做太快。

4. 側彎：我站立，手放在臀部，雙腳分開與肩膀同寬。慢慢地彎向左邊，然後慢慢彎向右邊。

5. 頭部轉換：這會拉伸整個身體，我站在牆壁或牢固椅子的後面，我踝足，用雙腳近乎併攏的腳尖站立。慢慢地，我用腳尖站立盡力拉高。開始時，我只能站立算到五，所以我需要把我雙手放在壁上才不會跌倒。逐漸地，我能站立算到十。我守住，放輕鬆，回到開始的位置，至少重複五次。

6. 腿筋拉伸：它主要拉伸二頭肌、下背和腰椎。我坐在地板上，慢慢地試著接觸腳趾頭。

7. 腳後跟拉伸：拉伸大腿。我站著，抓住東西，使我能維持平衡及抬起一隻腳到身後。我放置我的手在抬起的左腳上，拉我的腳根向我的臀部。我拉伸，直到感覺我的大腿緊繃及疼痛，我立即使用木製按摩器從膝部按摩至大腿的上方。我釋放並重複5次。我對右腿重複做同樣次數，但我放置我的手在上時有問題，很努力嘗試才成功。

8. 膝蓋伸展：伸展股四頭肌。仰臥在地板上，抬起左膝，輕輕拉它至胸部，短暫地，候住這姿態，然後回到起點。同時，當我覺得我的腿部緊繃時，我使用我的木製按摩器從腳踝至大腿按摩，重複做右腿練習。

2020年3月19日，這是自1896年後，經過124年，春天又一次全國發生在3月19日。在那天，我開始做三套20個仰臥起坐，我放手在我的腰上；當你放手在你的頭部後面時，它可能會對你下背產生太多壓力。我也躺在床上，使用木製按

摩器，從肚臍上四指寬按摩，直下到肚臍下四指寬，36次，後將木製按摩器放在肚臍上，以小圈順時鐘方向輕壓肚臍，我逐漸地加大繞圈，直至肚臍周圍四指寬處轉36次。當我躺在床上時，我常做這個運動，我希望它能融化脂肪及改善消化，有一天我將有很強壯的腹部肌肉。

倘使你是一位不運動的好閒者，每天吃速食和喝蘇打水過日子，你必須了解僅賴這些方法是不能達到目的的。但對有做規律運動卻不能擺脫腹部脂肪的人，它會創造奇蹟。

我始終未讓自己挨餓過，當我覺得我需要吃，或我要吃時就吃。我從不算熱量。一個降低腹部脂肪的方法是喝足夠的水。我常覺得沒喝足夠的水，所以從2020年3月19日起，我使用32盎司（1盎司約0.0284公升）的水瓶加上一湯匙的有氧蘋果醋加水。它將幫助排除毒素，沒有細菌會在裡面存活。蘋果醋是有關一位老太太的無稽之談，談及治療百病的妙方，那可能是真實的。它被傳言在飯前或睡前，加小劑量到水裡喝，能幫忙遏住食慾，減少水分積留，促進新陳代謝。它能降低血糖及胰島素水平，有助減肥。

檸檬也具有收斂的特質，可造成組織收縮及緊收，鬆弛並清除凝聚的毒素，所以從2021年4月開始，我整天啜飲一瓶32盎司的檸檬水，目標每天喝64盎司，消耗足夠的水能幫你減重及平衡你腹部的脂肪。2021年4月17日，我稱重130磅。我停止喝檸檬水，因為一位朋友張先生警告我，喝太多檸檬水會傷胃。

我丈夫愛吃米飯；他能吃兩碗飯配一罐鮪魚，他的血糖

水平升至485，有時超出。這對他的糖尿病很危險。我的女兒們認為我們每天沒有吃太多水果及蔬菜。我閱讀聯邦飲食指南，發現每天我們應該吃1.5-2.0杯的水果及2-3杯的蔬菜（大約5份）。它能提供我丈夫及我的身體需要的主要維他命、營養素及纖維。食物富含水果及蔬菜，能幫助防止2型糖尿病，降低血壓，幫忙維持健康體重，甚至使我們皮膚亮麗。現在我常烹調，所以我要遵循飲食指南。

我發現蘋果有可溶性纖維，可幫忙防止膽固醇堆積在動脈牆，它含有大量鉀，有益於正在留意血壓的人們。我也發現切片的蘋果與綠色洋蔥白色的部分一起煮，味道很好。後來，我加入含三色藜麥的混合蔬菜，加鹽、黑胡椒及檸檬胡椒調味。這是一道很漂亮的配菜，它可填滿盤子的一半，其它是鮭魚或雞肉。採用蘋果及綠洋蔥白色的部分做底，你能加入許多蔬菜，諸如香菇、芹菜，都具有廣泛的營養物。

如果你採用生酮飲食，你早餐能吃培根；我的丈夫通常吃兩條，而我吃一條。放三條培根於紙巾，置入微波爐烤一分鐘。從微波爐取出再將它們重新排列，之後放回微波爐兩分鐘，這是使培根香脆最容易的方法。通常，一片培根需爐烤一分鐘；你需將它們分開重新爐烤。

我丈夫及我在夏天喜歡吃西瓜。在2020年6月，我們取得兩個西瓜；它們太成熟，全然不甜，我們不知所措。最後我領會如何選擇好西瓜。我們需要揀一個相對其大小較重者。翻轉西瓜，找他的黃點，它會表露出西瓜在藤蔓上的最高成熟度。有白點要避免它。試用你的手或拳頭輕拍西瓜，成

熟的會發出深沉聲音，然而過度成熟的聲音聽起來空虛、低沉。2020年6月19日，我挑選兩個甜蜜西瓜；我們很興奮。

西瓜含92%的水及少量纖維，這兩者對健康的消化是重要的。纖維能提供大量糞便，水能幫忙保持消化道有效移動，它有助於促進正常的通便。你感到疲倦嗎？就吃一片多汁的西瓜，你會自然冷靜下來。西瓜有許多重要營養物，包括維他命C及B6。B6產生硝酸，解開緊張的肌肉，甚至降低血壓。

基於植物或以植物進行的飲食方式，我主要關注於植物類食物。涵蓋範圍不只是水果及蔬菜，還包括核、子，油，全穀，豆莢及豆類。這不意味你是蔬食者或素食主義者就不再吃肉或奶製品。反而是，你按比例選擇更多從植物而來的食物。

但是有一位妻子提到她丈夫是一位糖尿病者，她第一選擇蛋白質（一般是瘦雞肉、魚或牛肉），然後選擇低碳水化合物蔬菜及少量的碳水化合物；如果他吃太多碳水化合物，他的血糖會升高，特別是在他沒有吃蛋白質時。若他早餐吃蛋，他就沒問題。假如他吃燕麥但沒蛋白質，他的血糖會升高。倘若豆類和穀物是植物性飲食中的蛋白質，它們也是高碳水化合物。這種基於植物的飲食，如何能對糖尿病者有所助益呢？為幫忙她丈夫控制血糖，他可以繼續食用小量的魚肉、雞肉及蛋與飯。豆類及穀類是植物蛋白質但含碳水化合物，大部分基於動物的蛋白質含較多蛋白質，僅有小量的碳水化合物。健康飲食方式不是每種方法都能適用全人類的。

個人應該選擇合適的食物，同時維護降低他們健康的風險。

Drew Barrymore及Kelly Ripa也參加有氧舞蹈課程。我在Youtube發現一個優良的30分鐘有氧舞蹈運動節目，適合各階層人士練習。The Real之星Adrienne Bailon進行她有關食物的工作，把健身做爲優先選擇。她說：「我經常提醒自己，自愛最好的方式是自我訓練。」我們應採取她的忠告。

我的孩子喜愛網路購物，2021年3月21日，她買給我兩件衣服，非常合我身，除了我臀部及腹部地方顯示累積多餘的脂肪之外。2021年4月8日，我的腰圍是39英吋；我決定我需要失去我的愛禮。幸運地，傳統中醫有實效按摩方法（3法）；我每天努力，甚至沒離開我的房子，我能消耗許多熱量。我是做了下列按摩：

第1方法：我捏住我腰圍的兩側，按住我的手指，做小圓圈移動或向外拉我膨脹的腹部，每天200下。我盡力拉，感覺有一點痛。這個動作會增進此區域血液循環。堅持及付出額外努力去做是減少腹部脂肪的解方。

第2方法：找位在腋下垂直線及肚臍水平線焦點處的穴位，每日輕敲左穴300下；若你時間夠，也輕敲右穴位300下。我喜歡用天然赤鐵礦敲或輕敲，但你能使用拳頭。

第3方法：你睡前躺在床上，放輕鬆，捏、敲或拉膨脹的腹部200或300次。當你感到疲倦時，這正是睡覺的時候。你醒來不脹了，大便順暢。

腹部脂肪主要受年紀、吃什麼東西及是否運動所影響。

假如你不想花費時間在跑步機，或只是沒時間做低效率的鍛鍊，這三種方法將很適合你。記住，你的效果可能是漸近的。在你看到顯著改變前，它需要數週或數月時間。對你的身體保持正面態度。使用正面的自我談話，聚焦你對身體熱愛的地方，堅持這三個方法，爲你自己設定短、長期目標。達成你的目標會讓你感覺及看來更美好。吸脂術用於去除脂肪美容不會到達腹壁的內部，不要考慮這速成的減肥法。

　　我的丈夫一直是悠閒及愉快的人。自2021年2月11日起，他因慢性腎病(CKD)入到那契托什地區的醫學中心；他成爲暴躁的病人，他的情緒改變使我心煩意亂。我的所有孩子們都離家在外，我丈夫及我單獨在那契托什，我變成我丈夫唯一的看護人，每晚約7點，我開車回家，感到沮喪、疲憊、孤獨及悲傷。我集中精神在我丈夫的病情上，以致我沒注意到我沒像以前吃那麼多而重量減輕，一度曾到123磅重。我丈夫那時因受感染，常進出醫院。到2022年8月29日，我的體重是128磅，我感到高興，我不再超重。

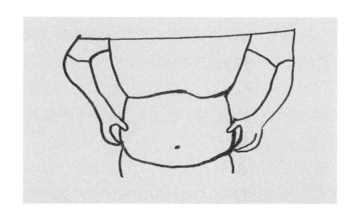

3.12 睡眠

我們大部分人每天至少要有8個小時的睡眠。這個意思是我們花三分之一的人生在睡眠上。睡得好或壞直接影響我們身心的健康，諸如白天的精力、生產力、情緒的平衡，甚至體重。研究指示，缺乏睡眠可能是原因之一。我們晚上11點睡覺至早上3點鐘，我們的腦會排掉60%的毒素。根據傳統中醫的理論，晚上11點至早上3點，氣及血液在膽囊及肝的經絡最活躍，因此建議人們在這段時間要深睡。如果我們晚點睡，我們會錯失肝的這功能，對我們身體有很大傷害。倘若我們沒有足夠的睡眠，它會影響我們皮膚的水分，減低他們的量，導致肥胖及糖尿病的傾向，這些是新陳代謝併發症的後果。有足夠的睡眠對新陳代謝及整體的健康是必要的。

一夜不間斷的睡眠將恢復我們身心的活力到第二天。根據傳統中醫，晚上11點至早上1點是肝移除死的血細胞、腦細胞，清除路徑給新產生的神經鏈，所以新血及腦細胞能取代舊的，同時降低我們膚色的PH值，這是為什麼我們皮膚看起來不那麼年輕也少有光澤的原因。早睡早起是身體健康的根本，尤其對喜愛維護她們看來年輕及美麗面孔的婦女們。我的二女兒糖亞（Tonya）賓梅立克，年輕時約在晚上9點就寢，現在她近50歲，你幾乎看不出她的實際年齡。請上她的網址：dirtywater.com/tonyamezrich查閱。2020年3月14日，當我登錄Facebook時，我讀到一篇有關Tonya的評論。

她的一位朋友鋪文說糖亞實際上不似人類常態。這是他的結論，因爲沒有看到她在過去20年間有老化現象。

每晚睡得好是每一個人的夢想，但不是每人能做到，尤其是老人，他們不能睡好或不容易入睡。我們常聽到他們抱怨昨晚睡不好，卻在白天入睡。在晚上輾轉反側（在床上翻來覆去）感到累？最好的簡單方法是淨空你腦中的思緒，於你就寢前設法排除你心中每一件事。開始時，讓你心中的事順其自然；過一會兒，你把它忘掉。站在床邊，當你感覺心寧已淨空，你在床上平躺，你將會很快隨甜蜜與溫暖之夢入睡，也睡得飽滿到天明。它聽起來很棒，但須花費時間。

假如這方法無效，嘗試心寧放鬆法。躺平在床上，把你身體放輕鬆。從下肺深呼吸，慢慢地吐氣。然後想著要完全放鬆身體的每一部位。從你的腳趾開始，其次是你的腳根，接下來是你的腳踝、膝蓋、腿上部、大腿、腹部及胸部。感知你的呼吸，稍微地加深你的呼吸，感受你的腹部及胸部陷入於床中，然後是髖骨、手、臀、肩及脛。想像下巴掉下來，眼睛如鉛一樣重。感受你的臉及臉頰。內心審視你的身體。倘若你發現任何部位仍緊張，要有意識地放鬆那部位，讓它陷入床中。注意你的身體要感受如何輕鬆，你的頭應側放一邊睡覺（側睡）。

沒有一種正確的睡覺姿式。給你的身體適當的休息是必須的。爲確保你脊骨的健康，物體治療師只推薦兩種睡覺姿式：

1. 側睡，脊骨挺直
2. 仰睡，保持頸上脊骨的主要曲度

　　睡不好有一個共同的原因。幾乎有4,000萬的美國男人及女人有睡眠失調問題。然而，女人的影響比男人大。現在COVID-19，失業與健康的憂慮、金錢與不確定未來，沒有人能得到安靜的睡眠。這像個人的松鼠籠；你在裡面兜圈子。生意的問題，個人的憂慮，第二天的工作，擾亂心寧一直到你輾轉反側，整晚清醒難眠。

　　轉變你內心的想法，想像你自己在平和及寧靜的環境中，這被認為很有助益。對此，每個人有不同見解。對一些人，它可能要在太陽高照的海灘讓海洋的微風擁抱，在山上或你自家庭院的吊床搖擺、打鞦韆。對某些人，它可能是芳香的花園；你聽到祥和的聲音，聞到花香，感受太陽的溫暖及其他人的感應。對其他人，沒有什麼比想些厭倦的事更令人想睡。他可能是某位特別無聊的老師或講師、同事或朋友。

　　有些人喜愛自己按摩。自我按摩可以穩定神經，增進耐力及應變力，及促進較好、較深的睡眠。僅移動你的手指，環著你的頭、關節及腳底做圓周活動，會感到輕鬆，然後上床睡覺。有更多的穴位被列在我的《穴位赤鐵礦石自療法》書中第22章「睡得好」，其中的方法幾乎可保證帶給你好的睡眠。

　　根據2002年國家科學基金會(NSF)在美國的調查，婦

女比男士經歷更多失眠症，至少一週有幾夜之多（63%比54%），她們更容易在白天有打瞌睡的情形。這裡提供一些較簡單的秘訣（8種），希望可幫忙你，假使你覺得睡一晚好覺像是一個不可能實現的目標的話。

1. 早吃晚餐。晚餐及睡覺時間應有2-3時的相隔來幫你消化。這樣能預防消化不良及失眠。

2. 每天設法在同一時間就寢及起床，甚至在周末。這能幫忙設定身體內在時鐘及使你的睡眠發揮到最佳作用。在你平時感到疲倦時，選擇上床時間；你不會翻轉反側。假如睡得夠，你會自然醒來。經過一段時間後，這將幫你很快入睡，整晚睡個深沉的覺。

3. 對女人來說，不要穿乳罩睡覺，甚至有人建議裸睡。

4. 在床上時，不要看電視或使用電腦或玩遊戲；你可能太刺激，延長你內在時鐘，在你床邊桌上，從手機、平板或數位時鐘發出柔和的藍色光會影響你的睡眠，在你就寢前一小時，關掉所有電視、電腦及其他藍光的來源。

5. 假如你有睡眠麻煩，起來，在你房屋周圍做一些小雜事，或到書房看書或聽音樂，直到你感覺累，然後回房睡覺。你需要你的身心將寢室與睡眠及放輕鬆連結在一起。

6. 假如你喜歡喝茶，在就寢前30分鐘喝一杯洋甘菊茶。這種茶可促進平靜及放鬆，你會有深沉的睡眠。溫牛

乳也是一種選擇。

7. 假如你發現咖啡及茶會造成你睡眠的問題，在下午3點鐘後，不要喝咖啡因或茶。不要喝太多的酒；它可能讓你晚上常醒來。

8. 用你另一隻手的大拇指及食指合併拉你的第三指（中指）一百次。再重複做你另一隻手的中指。

四個女人中有一位報告疼痛或身體不舒服，在一週內會打斷她們睡眠三晚或者更多時間。疼痛的情況像偏頭痛、緊張頭痛、風濕痛與關節痛以及胃灼熱（火燒心），這在婦女中都是非常普遍的現象。痛會讓人難以入眠，或導致晚上或清早甦醒。大多時間，我使用赤鐵礦石或木製按摩器，按摩痛點以緩解疼痛。在我的枕頭邊，我通常放5個赤鐵礦石，一個木製按摩器及一顆天然赤鐵礦石；當我感覺疼痛時，我就拿其中的一種，開始按摩。

我喜歡睡在帶有Contour記憶海綿腿枕的硬床墊上，這是我在沃爾格林買的。腿枕穩定我的下背，改進脊柱對齊，減輕膝蓋及腿部的壓力，放鬆背部肌肉，減少臀部、膝蓋及關節疼痛的壓力。晚上使用腿枕使我更舒服，是我生活中睡得最好的。

假如不斷失眠，生活方式、行為或飲食改善也不能幫忙解決，醫生可能會開催促睡眠的藥（安眠藥）。在某些情況下，有些是已存在且可治療的，諸如憂鬱症（婦女可能是男人的兩倍），壓抑，焦慮，膀胱的問題或疼痛。我不推薦吃

藥，因爲吃這些藥可能上癮或產生副作用。

　　若你相信水晶的治療能力，當你患失眠症，放紫水晶在你的枕頭下，它是最適合的寶石，能提供一個充分休息的夜眠。

3.13 我全身自己按摩

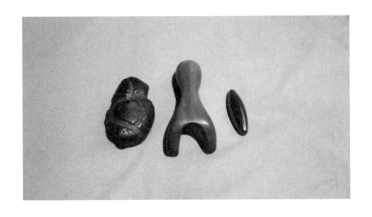

　　在這一章節裡，我要談有關我早上的日常工作及全身自我按摩。我使用天然赤鐵礦石、木製按摩器及赤鐵礦石各一顆在我身體不同的部位操作。在就寢前或早上醒來，躺在床上，每星期按摩2次或3次。你自我穴位按摩，隨時隨地可操作，且一天可重複多次。事實上，你越常練習，穴位按摩之效應就會越強化，對於你能按壓或按摩穴位多久，沒有限制。你自我穴位按摩是一個安全及有效的方法，可增進你的健康感覺及刺激你自己的療癒力。

　　當你碰到能舒解肌肉緊張及疼痛，可以鎮定神經系統，

促進血液與恢復身心平衡的氣（能量）之穴道按摩點時，你輕輕按住這些穴位，用由輕至重的力道按摩它們，你會發掘你發揮自然的能力，改善你的健康，消除不適。穴位按摩是照顧你自己的一種自然簡單的入門。當你維護你自己內心和諧時，效應會超過你身體的外圍，向外輻射給你身旁的所有人。無論何時與何地，若你願意，自我按摩會促進你的舒適感、血液流通及健康。

我喜歡整天吃東西，所以脂肪及毒素存積在體內。我常在早上4或5點左右醒來，喝一杯溫開水，透過泌尿區排出腎臟的毒素及沉積在腸內的脂肪。它有助增進我血液的循環，進一步增進燃脂的能力，轉而讓身體燃燒更多的熱量。為了味覺，我加檸檬汁到溫開水內。檸檬汁可抗酸性及貯存在體內的毒素。這能幫減肥。工作一小時後，回到床前，我會吃兩個剝殼入烤的無鹽紅皮花生（帶皮），不喝水，因為喝水會讓我的胃感到腫脹。紅色花生對健康的好處是豐富的。2009年一項研究表示，帶皮烤過的花生有多量的抗氧化劑及單不飽和脂肪。花生提供大量的銅，這是神經、骨骼和紅血球健康所需的。它也能改善消化系統。

當我上床躺下時，我使用赤鐵礦石按摩我的頭皮。我從前額的中間開始，用輕到中等力量按壓，直至頸椎骨（頸骨）。使用穩健的壓力，但不要推太重而使你感覺痛或不舒服。頭頂上有一凹陷，在前髮線的中間點上5吋，我以小圓周順時鐘方向移動，按摩36次。如果你沒太多時間，按摩18次。若你有更多時間，按摩54次以上至108次。假如你在飯

前按摩穴位，它能控制你吃的分量及幫忙減重。你按摩的時候，經常要從左邊開始，然後右邊。以相同的方法，做如我所提的小圓周運動。有時候我覺得頭痛或頭暈時，我會使用我左手的4指頭（小指除外），像拿著蘋果一樣，輕敲我頭頂的這區域20次，以解頭痛與頭暈。輕敲這區域，對患有失眠症或不良記憶（健忘症）者有所助益。在你輕敲這區域時，假如你感覺痛，它意味著你過度使用你的腦筋。當你發現沿這條線有小腫塊及凹處或疼痛點，使用小圓周運動方式，按摩該點。

其次，我使用赤鐵礦按摩頭皮，涵蓋所有區域。

第三步驟，我從前到後爬梳頭髮，用指尖筆直移動，向下施加壓力，每次至少3分鐘。你能一天按摩幾次，每次5分鐘，假裝你在梳頭髮。揉你的耳朵後，舉起你的手，置於耳朵後面。使用你的大拇指及你的指尖，在你的耳朵周圍輕輕地畫圈。特別注意你的耳垂。大部分時間我使用赤鐵礦石在耳尖上方兩指寬處按摩兩耳，舒緩我的頭暈，也按摩我耳垂後方，以減少臉上的浮腫。之後，我按摩凹溝，介於頸部肌肉與頭骨連接處，這穴位是風池(GB20)，它被推薦用於頭痛、偏頭痛、眼睛模糊、疲倦、低能量及感冒／流感症狀。我使用赤鐵礦石繞小圓圈按摩。這按摩將緩解頭痛、頭暈、睡不著及頸部與肩膀疼痛。這是終止我頭皮按摩的一個上好及放鬆的方法。任何有受髮型師按摩頭皮的人都知道，輕壓刺激皮膚表面的神經是非常輕鬆的。研究顯示，頭皮按摩會降低血壓，減少壓力賀爾蒙水平，及減慢心律。

我以繞小圓圈運動方式按摩我兩眼眉之間的臉，向上到前額，在髮線及太陽穴處停止。對我臉部其他部位，如鼻孔、喉嚨及耳朵，我使用木製按摩器。當我提到直線運動時，它從左手邊開始，由右到左按摩18次至108次，然後右手邊，從左到右。現在我起始於額頭（直線運動），眼睛（直線運動），兩眼眉之間（小圓圈運動），鼻孔（小圓圈運動），嘴唇（直線運動），下巴（直線運動）及臉（直線運動，從下巴到眼），之後，我以向上直線運動方式按摩我的喉嚨，以防火雞脖子。然後我以直線運動按摩我頸子的背部或用左手揉捏，臉部的按摩幫助改進血液循環，放鬆臉部肌肉，減少浮腫，提供健康元氣。皮膚保健專家推薦，臉部按摩一週2-3次會使皮膚發亮。以直線運動，從耳垂至耳尖按摩耳朵。詳情請參閱「3.8耳朵按摩」篇。

　　對於手與臂，有時我使用右手持木製按摩器，做長時間敲擊肌肉，開始從左手，左手臂及外手掌，手腕，前臂，肘的外表面到上臂，依這方向，操作3或5次。然後使用我的大拇指及手指，緊握肌肉組織以緩解肌肉緊繃與緊張，或捏拉擠肌肉，加強肌力，讓它們更健康。我對關節做圓周運動，按摩LI-4（合谷）及PC-6（內關）做小圓周運動。至於左手及左手臂內表面，我從腋窩、上臂肘向下到臂及手掌。同樣方法再做右手運動。之後，拉你的小指10次，其他手指5次或較多。常拉你的小指頭比其他四手指多兩倍次數，因為小指有心臟及小腸經絡，它會反映腎臟及循環系統。傳統中醫師相信，按摩你的小指可以擺脫29種病，諸如頭痛，頭暈，

硬脖子，頸部疼痛，眼睛疲勞及過敏。它也能防心血管疾病，諸如心絞痛，胸悶，高血壓，糖尿病，腎衰竭，便秘，憂鬱症，失憶，焦慮及四肢麻木。

你可能會注意到有些穴點比其他穴點疼痛，那時你應花點時間，察視這些穴位直到它不再疼痛。這技術能幫放鬆肌肉及散開黏著疤痕組織及激痛點（結節）。按摩不要超過108次，否則按摩後很痛，甚至傷到自己。有時我們對按摩有些熱過頭，每次施以大壓力時間太久，可能會造成一點傷害。照慣例，傾聽你身體的反應來運作。

手臂的按摩主要藉著減退肌肉拉緊及減輕束縛，增加活動的範圍。手臂按摩聚焦在上部及下半部肌肉。你能從手臂的按摩中得到許多的好處，包括增加活動範圍，減少痛苦，防止傷害肌肉拉緊及緩解緊張。

我使用我的手掌以順時鐘方向按摩胸部及腹部。倘使你的手是冷的，摩擦你的雙手幾秒鐘。俟你的手暖上來，你能用掌上的壓力，繼續進行可愛胸部的按摩。開始用5分鐘按摩，若5分鐘太長，做2分鐘。時間縮短不會影響效果。5分鐘約300轉。以這個方法輕輕地按摩及揉捏各胸部，即手的內側像杯狀在胸的底部，乳頭從大拇指及食指形成之孔隙中凸出來。這種按摩一天至少必須做兩次。催乳素在晚上非常活躍，所以在睡前必須做一項按摩課程。胸部按摩不能立即處理胸圍的問題。你每天需要花點時間做按摩。婦女們要在早上及晚上花至少15分鐘運作處理，才能達到最好的結果。記住，你已取得預期結果後，仍需要每天做。胸部按摩只有

你去做才有效果。假如你停下來，你的胸部在幾星期內會恢復到以前的胸圍。

　　然後我使用我的木製按摩器，從我左手邊的腋窩按摩到腰部幾次，從肩膀以下，經腹部到全身，一直到右手邊的腋窩。對於背部，我也使用按摩器，以敲擊的方式從左手邊到右手邊。我也喜愛使用Back Nodger（背刮板）來按摩我的背部，它是我女兒送我當2019年的聖誕禮物。我使用我的天然赤鐵礦石重敲我的下背，因腎臟位在這區域，可改善腎臟的血液循環。我也重敲我的臀部及屁股，以緩解疼痛。至於我的腿部，從左腿腳踝及小腿開始至大腿，用我的木製按摩器時常敲擊。再用相同方式對我右腿按摩。假使你有更多時間，你能使用你的赤鐵礦石按摩ST-36，BL-40，GB-34及SP-6這些穴位（參考「3.4提供健康的穴位」篇）。

　　對於腳的按摩，我從彎曲左腳趾開始。它可能會促進腳步靈活度。使用這腳部按摩技巧，我用一隻手握住後跟，同時用另一隻手來回彎曲所有腳趾，輕拉每一趾頭。重複這運動，輕輕地增加壓力及彎曲所有腳趾，輕拉每一趾頭。重複這運動，輕輕地增加壓力及彎曲腳趾至整個運動範圍，也對右腳做同樣的動作。使用天然赤鐵礦或赤鐵礦石，敲擊腳底。使用這技術，我用一隻手握住我的腳後跟，即另一隻手拿著天然赤鐵礦石或赤鐵礦石，用適度的力道敲腳底。重複這動作，一直敲擊到腳掌到腳後跟。至於腳背按摩，我用一隻手撐腳頂，使用赤鐵礦石的尖頭，從左手邊壓住腳背上方下至腳後跟，再放開腳背。繼續按壓及釋放整個腳背至右

腳跟的後面。最後我做了阿奇里斯（無敵）的按摩，幫忙舒解阿奇里斯跟腱的壓力。我用大拇指及手指抓住阿奇里斯跟腱，對腳後跟敲擊。重複做這運動2至5次。

就像你的頸部、背部及肩膀一樣，你的腳部也能從有規律的按摩中獲得效益。腳的按摩改進循環，刺激肌肉減少緊張及舒緩疼痛。它也能提供難得的機會檢查你的腳部，所以能快速處理趾上水泡、趾囊腫炎、雞眼及趾甲的問題。足部按摩是居家可處理緊張或腳痛的容易療方。實際應用可幫人鬆弛肌肉及減輕精神緊張，維護整體健康的意識。孕婦及有血液凝結者，在做全身按摩前應諮詢醫生。

自我按摩是如此方便，你或伴侶在25分鐘內能享受全身按摩的好處，它幾乎隨地可做。當你或你的伴侶自我按摩，要想像你正從你的身體釋放所有的負能量（氣）及情緒。一些人喜歡將油按摩入體內，但油會滲入你的身體。我不知道油的副作用。我以前使用過；現在我不再使用它。大部分的按摩被認為是安全的。如果你有嚴重的醫學狀況，在使用它前，要向醫師徵詢。你要請你的醫師介紹按摩治療師，以致你能找到合乎你要求的人。若需要治療潛在健康的情況，按摩不應取代其他醫療干預，不要忽視疼痛、發展中的症狀或嚴重的病狀，像胸痛、呼吸困難或喪失知覺。

人們似乎受惠於局部痠痛處的治療。當你按壓這些部位，它們會感覺酸痛。觸痛點可能位於頭後部、手肘、肩膀、膝及臀部。治療師設定及治療的地方通常被指為軟組織局部的硬部，具有可重複疼痛的慣性，這可能（或不可能）

　　　　享受人生

與局部拉搐反應相關。用過去可觀察的現象解釋似乎在推理上有瑕疵，但我不認為有必要放棄提供病人解痛的治療方法。所需要的是以一種最新方式去瞭解怎麼造成這些酸痛的原因，及什麼才是最有效的方法，提供治療以幫助痛苦的人們。

自我按摩是一種令人難以相信的自我照顧與自愛的舉動。每天早上花費10~25分鐘做練習，你能關掉內心的負面思緒，然後開啓你的能力放鬆到你單純的存在、美麗及喜悅的領域。

自我按摩往往僅能提供部分及暫時的舒緩。我遍佈全身有許多痛苦的地方，有些疼痛點在按摩幾天後會消失掉。有些要花費幾星期，有些永遠不消失；只不過不那麼痛苦。在我第一次開始按摩時，似乎有些病痛將永遠留在我身上。但大體上，我很高興我的自我按摩減輕我身體的痛苦，關節不太僵硬，及我不像大多數老人受限於輪椅。我們必須設法儘最大努力維護健康的身體——按摩我們自己，鍛鍊身體及吃有益於健康的好東西。當我們健康時，我們能享受生活中所有好的東西。我願意與有需要的人分享我的自我按摩經驗。

3.14 磁棒療法　　　　　　　　　　　／孫獻祥

這篇文章僅提供你資訊，對於我如何使用磁棒解決我身體的疼痛問題。我不是推廣磁棒使用法給你。我不是醫師；這方法對我有用，但可能不適於他人，這療法是這樣開始

的：

　　在北美台灣婦女協會的年會，吳春紅（太太）與我參加一個宴會，坐在一個人的旁邊。吳春紅開始問坐在她旁邊的這個人，這個人說他的名字叫Ron，然後吳春紅告訴他她的名字。過了一會兒，這個人用台灣話說：「你不是我的同學嗎？」他們自畢業後已50年彼此沒見過面。那是我認識榮成的經過，後來我認識他的太太，陳富美。他們創立柯喬治紀念基金會，一個非營利的組織，富美寫了一本書叫《穴位赤鐵礦石自療法》，它是基金會的一部分，來幫老人們健康的問題。富美給我一包赤鐵礦／磁鐵礦棒及她的書。那是我開始使用磁棒的過程。以下是我的故事。

1. 赤鐵礦／磁鐵礦棒能停止手指關節疼痛（關節炎？）

　　當我在年會中從富美收到一包磁鐵礦棒，我很懷疑它的效用。我不很在意它，並把它擺在一邊。過了一段時間以後，有一天早上，我起床發現我右邊食指和中指不能彎曲，同時關節疼痛。我知道我患了關節炎。我覺得老齡的現象終於發生了。然後我想到磁棒治療及試用它。給我驚奇的是，在我使用棒子摩擦我的手指數次後，第二天，疼痛消失了。從那時起，我持續摩擦我的手指，我的手指能自由地彎曲，疼痛不再回來。在那時，我體會磁棒治療確實有用。精確的註解：富美叫棒為赤鐵礦(Fe2O3)，因為它是從南亞的赤鐵礦石所製成的。石頭經過熔解的過程，轉化成磁鐵礦

(Fe3O4)；那是爲什麼它具有強磁力的原因。

2. 磁鐵礦棒能免除背痛

因爲年紀越大，更多身體疼痛的問題出現了。當我們正計畫搬至目前的退休安置所時，我很努力工作，搬盒子及傢俱並準備出售房子。我掉了10磅及背疼，由於重舉。然而我再想起並使用這棒子摩擦我的背痛的地方，疼期大約有一星期；之後病疼消失了，多激動！

3. 磁棒消除手臂麻木

最近，我開車在路上約半小時多，感覺手臂麻木，有時一邊，有時兩邊。我再開始使用棒子摩擦我的手臂；幾天內疼痛消失了。最近我每天繼續按摩我的手臂，手臂麻木不再發生。

4. 棒子可止住肌肉痙攣

現在，更多病痛在每一個地方發生。顯然地，當我用力打網球時，開始有肌肉痙攣的現象。甚至經幾天的休息後，痙攣也沒停止。這非常令人不安。我使用棒子摩擦幾天，痙攣停止下來。對我來說，它是奇蹟。最近，我右腿好幾天有肌肉痙攣情形。我用棒子摩擦感染的地方，解除痙攣的煩惱。

5. 磁鐵礦也有益於腳踝痛

我在USS大黃蜂博物館工作，做解說員，每週一次。有一陣子，我回到家時，我的兩邊腳踝開始疼痛，因我在導覽時，上下爬許多梯子，很多次。這疼痛發生了幾週，我使用磁鐵礦棒摩擦我的腳踝，恢復痊癒。現在我每天摩擦我的腳踝，解除煩惱。

6. 磁鐵礦棒對肌肉抽筋有好效果

在多天，我的腿有抽筋的情形，使用棒子摩擦也非常有效。磁鐵礦棒子摩擦將會很快解除你筋肉的痛苦。

因為如此好的經驗，現在早上醒來，仍躺在床上時，我用棒子及手擦遍全身。我很喜歡這治療。讓頭部摩擦磁鐵礦可防止阿茲海默症？我聽過昂貴的磁性帽子，手套，襯衫，褲子，襪子及毛毯在日本出售給病人來治療疼痛。這些商品很昂貴。為什麼不使用磁鐵礦石治療，較容易又便宜，假如你有類似問題，我希望這療法對你有效。當然，每人身體不同，這治療可能對我有效，不一定是你。

我有一位好朋友，他是路易斯安那大學退休的物理學教授。最近他抽血檢驗，測出高三酸甘油脂，在1,200至1,500間游移。他的醫師開始給他膽固醇的藥及omega-3。高劑量的omega-3暫時把指數降下又再上昇，有一次，他必須去急診。通常亞洲人民認為豆腐魚湯及豆漿是好的營養品。對他來說不適宜。最後，他發現豆類品是導致他三酸甘油脂升高

的主因。他避開所有豆類產品，降低他的三酸甘油脂指數，救了他自己的命。這個事件指示我們，人類的身體是很複雜的。每人有獨特的問題。我認爲自助式很重要，不要太過度倚重你的醫師。

參考書目

作家：Bartlett, Cody
著作：超過50歲仍永健 (*Staying Fit Past Fifty*)
出版者：Indianapolis, IN: Masters Press, 1922.

作家：Brown, H. Jackson Jr.
著作：人生小寶典—結婚與家庭 (*Life's Little Treasure Book On Marriage And Family*)
出版者：Nashville, Tennessee: Rutledge Hill Press Inc., 1994.

作家：Cerney, J.V.
著作：無針的針灸 (*Acupuncture Without Needles*)
出版者：New York, NY: Prentice Hall Press, A Member of Penguin Putnam Inc., 1999.

作家：Chen, Fu-mei（陳富美）
著作：穴位赤鐵礦石自療法 (*Self-Help Acu-Hematite Therapy*)
出版社：Taipei, Taiwan: Avanguard Publishing House, 2014.
（台北，台灣: 前衛出版社，2014）

作家：Jones, K.C.
著作：算命金典 (*The Golden Book of Fortune-Telling*)

出版者：San Francisco, CA: Chronicle Books LLC.

作家：Jones, Sonia
著作：簡單反射療法 (*Simply Reflexology*)
出版者：New York, NY: Sterling Publishing, 1954.

作家：Mezrich, Ben（賓梅立克）
著作：贏過賭城 (*Bring Down the House*)
出版者：New York, NY: Free Press, 2002.

有關作者

陳富美生於台灣，台南（在台灣南部的一個古城）。她1958年以優異成績畢業於台南女中，不需參加入學考試，直升台南女中高中部。1965年她畢業於國立台灣大學經濟系，具有學士學位。1969年她取得堪薩斯匹茲堡州立大學數學碩士學位。1969年11月她與陳榮成先生結婚，成為STOP孩子的媽（Sonya, Tonya, Oliver及Patricia—STOP）及4個孫子的祖母（Penelop, Tristan, Asher及Arya）。

在電腦領域工作十年，她認為美國人與台灣廠商做生意能從中獲利，為什麼她不能做同樣的事？1979年11月她辭掉在路易斯安那西北州立大學電腦程式工程師的工作，與她丈夫在那契托什開一間零售禮品店，他們在那裏生活，養活四個小孩。

從零售的經驗，她獲得禮品方面的知識，及如何與台灣、印度及香港的廠商做生意。自1980至2021年，她曾做批發的生意。她是一位女商人，教導人們使用赤鐵礦石到治癒疼痛。她宣導有關赤鐵礦石的信仰及穴位按摩的方法。結果，穴位赤鐵礦自療法在各行業有許多追隨者。此外她寫中文文章並將她的許多文章編輯成一本書於2011年11月出版。她也用台語寫詩。她是業餘手相家及媒人。

她的內祖父，吳森玉是一位知名的醫師。他是台南第一

位西醫。她的父親，吳鵬飛是一位外科醫師。他外出看診，最後出診的是一位農夫。他在夏天的炎熱太陽下走至少15英里。他口渴，很快喝了太多的水，腎臟發生問題；從未痊癒。他在39歲時去世。家庭歷史必定是她對另類醫學有興趣的原因。

吳氏家族追溯至他們祖先泰伯（周太王的大兒子，出生於公元前1329年4月4日）。第18代，肅孟（曲濟之子，字承氏）成為吳王，吳國繁榮發展，吳國持續至21代，夫差（顏祿的長子，統治吳國23年），被越王勾踐所殺。吳國最後在勾踐統治下的越國所滅亡。

當富美在2013年7月研究中國萬里長城的歷史，她了解西施是中國古代四大美人之一（楊貴妃、貂蟬及王昭君是其他三位）。越王勾踐被夫差打敗時，西施被送給夫差國王。受到西施的美與和善所迷惑，夫差忘掉他所有的國家大事，與西施耽溺於愛情。西元前473年，勾踐發動攻擊，吳國軍隊叛變。夫差國王自盡。夫差有三個孩子：Jon，You及Ti。子孫們取吳國名為姓。一些吳氏家族約在西元前450年移居日本，有些在1291年遷入台灣。1868年，吳氏宗祠起建於台灣台南。

富美已經寫了4本書，三本中文，一本英文，全由台灣台北的前衛出版社出版，這四本書目前在出售中。

1. 銅屋雜集

2. 關懷雜集

3. 1970四二四刺蔣案內情再公開

4. 穴位赤鐵礦石自療法（自2015年5月5日開始至2020年2月5日在Goodreads網路活動有2,277,322次閱覽，但自2020年2月5日起，Goodreads不再支援自助服務及活動。）

她也有二本Amazon Kindle商店的電子書。

1. 生命無常 (amazon.com/kindle store ASIN:B074N1YNP7)

2. 你找到好對象的成功鑰匙 (amazon.com/kindle store ASIN:B074H9HMMH)

Acu-Hematite Therapy

Fu-mei Chen

Patricia Chen

柯喬治紀念基金會
穴位赤鐵礦基金會

地址：

303 Blanchard Rd. Natchitoches, LA 71457, USA

或

71A Chestnut St., Boston, MA 02108, USA

電郵地址：fumeichenla@gmail.com

網站：http://enjoylife2max.gator.site/

這個基金會是一個慈善的法人組織。稅號：47-2829216

願景：我們最終極的目標是人類沒有慢性、嘮叨的病痛。

這基金會將贈送一套兩個赤鐵礦石，以綠色絨布袋子包裝，給身體疼痛而無力付款的人們。這些赤鐵礦石做為解除痛苦的工具，能緩和身體疼痛、麻木、失眠、偏頭痛或關節炎，增進身體能量或穩定情緒。先到先得，送完為止。

訂單

數量	產品	價格	金額
	BK01《穴位赤鐵礦石自療法》	NT$250	
	BK02《享受人生—平裝書》	NT$350	
	HS01 兩顆赤鐵礦石以絨布袋包裝（圖3.3療癒石頭）	NT$250	
	HS02 你不能支付 HS01	免費	
	WM01木製按摩具（圖在「我全身自己按摩」篇）	NT$250	
	加捐款		
	總計		
	免運費		

名字：

住址：

家庭電話號碼：

手機號碼：

如蒙捐款，不勝感激，我們將寄給你免稅証明。柯喬治紀念基金會／穴位赤鐵礦基金會，支票抬頭：GHKM Foundation。

支票經銀行驗證後，我們會於一星期內送發你的訂貨。如果你不滿意，你可要求退款。

請把這基金會視為亞馬遜微笑慈善會(smile.amazon.com)。

美國柯喬治紀念基金會
台灣美日民間交流協會

施比受更有福

當你正享受品嘗你的咖啡時，想想那些買不起咖啡的人們。

下一次當你訂你的咖啡時，訂兩杯咖啡，一杯貼在牆壁上，你喝另一杯。

服務生會讓你寫在一張紙上，把它貼在牆上，敘述「一杯咖啡」。

窮人能進入咖啡店而不需要貶低他的自尊心。

他不需要請求一杯免費的咖啡，不必問或不用知道是誰給他這杯咖啡。他僅看著牆壁，為自己下訂單，享受他的咖啡之後就離開，不必付帳。服務生從牆壁上撕掉「一杯咖啡」的紙條，丟進垃圾桶內。

像替一位陌生人付一杯咖啡這樣的小事，但他反射出你的寬大雅量。這行為是對有需要關懷者的極大尊重。

> 「假如你不能供養一百人，那就只供養一人吧。」
>
> ——德雷莎修女

國家圖書館出版品預行編目資料

享受人生：要富裕,要快樂,要健康/陳富美著；吳滄洲譯. --
初版. -- 臺北市：前衛出版社, 2023.12
232面 ; 15×21公分
譯自 : Enjoy life : to be abundant, to be happy, to be healthy
ISBN 978-626-7325-74-2

1.CST: 自我實現　2.CST: 人生哲學　3.CST: 生活指導

177.2　　　　　　　　　　　　　　　　　　112021625

享受人生：要富裕，要快樂，要健康

作　　者　陳富美
譯　　者　吳滄洲
責任編輯　土豆仁
美術編輯　宸遠彩藝
封面設計　Nico Chang

出 版 者　前衛出版社
　　　　　地址：104056 台北市中山區農安街153號4樓之3
　　　　　電話：02-25865708｜傳眞：02-25863758
　　　　　郵撥帳號：05625551
　　　　　購書. 業務信箱：a4791@ms15.hinet.net
　　　　　投稿. 代理信箱：avanguardbook@gmail.com
　　　　　官方網站：http://www.avanguard.com.tw
出版總監　林文欽
法律顧問　陽光百合律師事務所
總 經 銷　紅螞蟻圖書有限公司
　　　　　地址：114066 台北市內湖區舊宗路二段121 巷19 號
　　　　　電話：02-27953656｜傳眞： 02-27954100
出版日期　2023年12月初版一刷
定　　價　新台幣350元

I S B N　978-626-7325-74-2

©Avanguard Publishing House 2023　　Printed in Taiwan

＊請上『前衛出版社』臉書專頁按讚，獲得更多書籍、活動資訊
　https://www.facebook.com/AVANGUARDTaiwan